中国古代经典无障碍读本

陶庵梦忆 西湖梦寻

[明] 张岱 著

徐思源 注评

凤凰出版社

图书在版编目（ＣＩＰ）数据

陶庵梦忆 ；西湖梦寻 / （明）张岱著 ；徐思源注评
. -- 南京 ：凤凰出版社，2016.4（2020.10重印）
（无障碍读本）
ISBN 978-7-5506-2357-6

Ⅰ．①陶… Ⅱ．①张… ②徐… Ⅲ．①笔记－中国－
明代②《陶庵梦忆》－注释③小品文－作品集－中国－明
代④《西湖梦寻》－注释 Ⅳ．①K248.066②I264.8

中国版本图书馆CIP数据核字(2016)第046501号

书 名	陶庵梦忆　西湖梦寻	
著 者	(明)张　岱 著　徐思源 注评	
责 任 编 辑	常宁文	
出 版 发 行	凤凰出版社(原江苏古籍出版社)	
	发行部电话025-83223462	
出 版 社 地 址	江苏省南京市中央路165号,邮编:210009	
出 版 社 网 址	http://www.fhcbs.com	
照 排	南京凯建文化发展有限公司	
印 刷	江苏凤凰通达印刷有限公司	
	江苏省南京市六合区冶山镇,邮编:211523	
开 本	880×1230毫米　1/32	
印 张	6.625	
字 数	172千字	
版 次	2016年4月第1版	
印 次	2020年10月第2次印刷	
标 准 书 号	ISBN 978-7-5506-2357-6	
定 价	24.00元	
	(本书凡印装错误可向承印厂调换,电话:025-57572508)	

目 录

陶庵梦忆 西湖梦寻

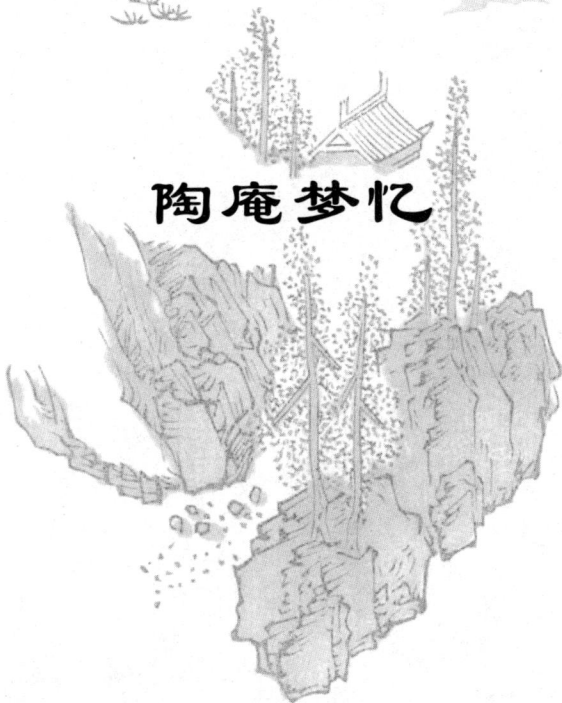

前　言

　　前人有评论说:"明文第一,张岱莫属。"可见张岱
文章在读者心目中的位置。张岱著作多多,最为人称
道的是三个散文集《陶庵梦忆》《西湖梦寻》《琅嬛文
集》。说起《陶庵梦忆》,许多论者又一致评价其篇篇
精美,是张岱散文的代表作,甚至奠定了他在明清散
文作家群中的特殊地位。如何见得其美? 我想,我们
在品读时可从几个方面来体会。

　　自嘲与自夸。《陶庵梦忆》是张岱在"国破家亡",
"披发入山"之后写的自叙体散文,他在《自为墓志铭》
中描述当时的处境和心境:"年至五十,国破家亡,避
迹山居。所存者,破床碎几,折鼎病琴,与残书数帙,
缺砚一方而已。布衣疏食,常至断炊。回首二十年
前,真如隔世。"想自己"少为纨绔子弟,极爱繁华,好
精舍,好美婢,好娈童,好鲜衣,好美食,好骏马,好华
灯,好烟火,好梨园,好鼓吹,好古董,好花鸟,兼以茶
淫橘虐,书蠹诗魔,劳碌半生,皆成梦幻。"回顾半生,
"学书不成,学剑不成,学节义不成,学文章不成,学仙
学佛,学农学圃,俱不成。任世人呼之为败子,为废
物,为顽民,为钝秀才,为瞌睡汉,为死老魅也已矣"。
满是调侃意味。在《陶庵梦忆·自序》中他说,"想余
生平,繁华靡丽,过眼皆空,五十年来,总成一梦",于

是"遥思往事,忆即书之,持向佛前,一一忏悔"。话说得十分明白,因此不少论者评说,此书应为是作者心怀忏悔的自嘲之作。但细读这些自嘲的话语,我们又分明能读出作者世道颠倒,国破家亡的沉痛之情;读出怀才不遇,大志不酬的苍凉之感;还能读出对当年,对自身的欣赏自许。有学者说,将"学……不成"的自嘲与他开列的著作目录一并观照,字里行间有一种"自我揄扬",是"另类的自我表扬"。联系全书所叙,可以说他的自嘲之中是有所坚持的,是对自己"真性情"的坚持与夸耀。

风俗与趣味。纵观全书内容,有相当多的篇章是写花草园亭、戏曲说唱、技艺绝活、民俗节庆等等,有人称之为文字版的《清明上河图》,而且更具体更细腻更深入更生动,此话真不为过。此书名为"梦忆",作者与其他文人往往写前朝遗事而寄故国之思不同,追忆的不是文人雅事、军国大业,而是都市里的日常生活。作者说唱戏,说放灯,说扫墓,说竞渡,说说书,说品茶,写得五光十色而且真实生动,既是妙文,也是绝好的社会文化史料。周作人称他为"都市诗人",是极有道理的。有学者认为,就对民俗工艺、民间文化和都市风情等的理解与把握来说,张岱的文章远在许多史书与方志之上,甚至可以用张岱的文章参照同代人的相关著述,来复原明末江南的日常生活。张岱文章之妙,还在于有所寄托。他将"一肚皮不平之气"和"书史、山水、机械"等糅合在一起,透露出他独特的审美取向和趣味,而这种趣味,是贵族趣味和民间趣味的融合。中国的文人才子,有品味雅趣,往往孤芳自赏。张岱则不然,他是高雅之士而具有"平常心",雅与俗在他这里是"交叉感染",融为一体的,显露他通达洒脱的态度。

琐屑与空灵。作者在自序中说,此书"不次岁月,异年谱也;不分门类,别志林也"。全书八卷,所记皆"方言巷咏""嬉笑琐屑"之事,"忆即书之",信笔写来,却透出一股"空灵之气",被称为"至文"。而这种空灵之气,又以琐屑之事、平淡之笔出之。因为,他笔下的这些琐屑之事、奇异之人,不仅以其一技之长或珍奇少见而吸引人,更因为其中寄托着文人理想，渗透着雅趣真情。他有识见，肯锤炼"深心明眼"，"碧眼波斯"。周作人说"张宗子是个都会诗人，他所注意的是人事而非天然，山水不过是他所写的生活的背景"。张岱笔下的山水园亭，都是社会生活、人事人情的背景，而这些人，都是有癖好有性情，有所谓"晋人之韵"的。于是，空灵之气溢出，琐屑之事竟成至文。读者往往能从闲来之笔中意会作者的"不平之气"、高雅志趣、豁达态度而颔首莞尔。

短隽与细致。此书文章皆短小，但短而不瘠，小而丰富，简约却细致，概括又具体。他语言简约，三言两语足以传世；他擅长写人，一个细节就能传神，所谓"一粒粟中藏世界，半升铛里煮山川"。往往举重若轻，点到为止却韵味无穷。这与作者见多识广，阅事阅人深刻而别有会心有关。有了这见闻、见识的"绚烂"做底，平淡之笔、短小篇什都能显出丰满细致。这一点，在后面各卷的"导读"中，有具体的解说，这里就不再赘述了。

张岱友人王雨谦在《琅嬛文集序》中称赞张岱是"文中之乌获，而后来之斗杓"，也就是说，张岱是文章的巨匠宗师，会成为后代散文的模范。确乎如此，希望读者读此书能其乐融融，有所收获，对张岱其人其文有自己独特的认识。

徐思源

自 序

　　陶庵国破家亡，无所归止（归宿），披发入山，骇骇（hài，惊骇吓人的样子）为野人。故旧（老朋友）见之，如毒药猛兽，愕窒（惊愕得不敢喘气）不敢与接（亲近交往）。作自挽诗，每欲引决（自杀）。因《石匮书》（作者撰写中的历史著作，反映南明史实）未成，尚视息（苟全活命）人世。然瓶粟屡罄（容器空了），不能举火（生火做饭），始知首阳二老（不食周粟，采薇隐居在首阳山的伯夷、叔齐）直头（竟自）饿死，不食周粟，还是后人装点语也。饥饿之馀，好弄笔墨，因思昔人生长王、谢（东晋时王导、谢安两大家族，这里指豪门世家），颇事豪华，今日罹（遭受）此果报（因果报应）。以笠报颅，以箦（草鞋）报踵（脚跟），仇（仇恨，排斥）簪履也；以衲报裘，以苎（粗麻布）报绨（细布），仇轻暖（轻软暖和的衣服）也；以藿（野菜）报肉，以粝（粗米）报粮（细米），仇甘旨（美食）也；以荐报床，以石报枕，仇温柔（温暖柔软的用品）也；以绳报枢，以瓮报牖，仇爽垲（明亮高爽的房子）也；以烟报目，以粪报鼻，仇香艳也；以途报足，以囊报肩，仇舆从（车马随从）也。种种罪案，从种种果报中见之（以上几句，列数自己各种生活中遭受的苦难，都是因果报应）。鸡鸣枕上，夜气方回，因想余生平，繁华靡丽，过眼皆空，五十年来，总成一梦。今当黍熟黄粱（指卢生"黄粱美梦"典故），车旅蚁穴（指淳于棼梦游槐安国醒后发现为蚁穴的典故），当作如何消受？遥思往事，忆即书之，持向佛前，一一忏悔。不次（排列）岁月，异年谱也；不分门类，别志林（苏东坡《东坡志林》，这里泛指笔记）也。偶拈一则，如游旧径，如见故人，城郭人民（陶渊明《搜神后记》中语："城郭如故人民非。"意指物是人非），翻用自喜，真所谓痴人前不得说梦矣。昔有西陵（今杭州萧山）脚夫为人担酒，失足破其瓮，念无所偿，痴坐仁想曰："得是梦便好！"一寒士乡试中式，方赴鹿鸣宴（州县长官为庆贺学子考中而举行的宴会，因会上多唱《诗经·小雅·鹿鸣》而得名），恍然犹意非真，自啮其臂曰："莫是梦否？"一梦耳，惟恐其非梦，又惟恐其是梦，其为痴人则一也。余今大梦将寤，犹事雕虫（雕虫小技，指写文章），又是一番梦呓。因叹慧业文人，名心难化，正如邯郸梦断，漏尽钟鸣，卢生（做"黄粱美梦"的书生）遗表，犹思摹拓二王（书法家王羲之、王献之父子），以流传后世。则其名根（好名的本性）一点，坚固如佛家舍利，劫火（佛教语，指世界毁灭时的大火）猛烈，犹烧之不失也。

卷一

【导读】

卷一，有《钟山》《报恩塔》《天台牡丹》《金乳生草花》《日月湖》《金山夜戏》《筠芝亭》《砎园》《葑门荷宕》《越俗扫墓》《奔云石》《木犹龙》《天砚》《吴中绝技》《濮仲谦雕刻》等十五篇。从标题即可看出，内容涉及的面是很广的，有风景名胜、花草庭院、各地风俗、民间技艺等等，作者不作归类，随手掂来，信笔写就，自由得很。

作者喜欢花草山石、风景园林，但其实着墨更多的是谁人如何养花，如何造园，他更关注的是人而非物。描写市井风俗的《葑门荷宕》《越俗扫墓》，突出写"士女倾城而出，毕集于葑门"，那"不可名状"的"灿烂之景"；写越俗"厚人薄鬼"，画船箫鼓，沾醉嚣嚷的热闹。名胜处总会有些掌故，作者并未刻意去写那些来龙去脉，但轻描淡写，顺带提及的，往往令人回味中觉有深意。《钟山》中龙脉被切断之说、《日月湖》中贺知章"富贵利禄中人"言，都会让人会心莞尔。特别是《金乳生草花》中"弱质多病"的金乳生侍养花草的那份执着尽心，写得真是细微毕至，出神入化。

同在一卷，各篇写法又不相同。同是写民间艺人的技艺,《吴中绝技》——罗列吴中一地的各种绝技,显其多;《濮仲谦雕刻》则从相貌到作品再到市场价格,细写濮仲谦。但有一点是相同的,就是表现作者对工匠艺人的尊重敬佩,透露出他的价值观。

最生动的当属《金山夜戏》。作者写船靠江边,夜已二鼓,四周一片黑寂。作者有感于韩世忠在此地大战金兵事迹,突然唤来小仆张灯开锣,唱起戏来,引得一寺上下都来看热闹。通过众人的反应,特别是老僧的动作神情,将作者对戏剧的痴迷,以及文人之颠狂,当然还有内心对勇战外敌的英雄的敬仰,表现得淋漓尽致:

> 余呼小僕携戏具,盛张灯火大殿中,唱韩蕲王金山及长江大战诸剧。锣鼓喧阗,一寺人皆起看。有老僧以手背揉眼翳,翕然张口,呵欠与笑嚏俱至。徐定睛,视为何许人,以何事何时至,皆不敢问。剧完将曙,解缆过江。山僧至山脚,目送久之,不知是人、是怪、是鬼。

从语言角度看,雅言为主体,间杂鲜活的口语。比如《峤园》中:

大父在日,园极华缛。有二老盘旋其中,一老曰:“竟是蓬莱阆苑了也。”一老哂之曰:“个边那有这样!”

“华缛”“盘旋”“竟是蓬莱阆苑了也”,语词何其雅丽,突然冒出一句“个边那有这样”的方言俗语,不仅无不和谐之感,反而生动至极!

钟　山

钟山(紫金山,在江苏南京)上有云气,浮浮冉冉,红紫间之,人言王气,龙蜕藏焉。高皇帝(明代开国皇帝朱元璋)与刘诚意(刘基,封诚意伯)、徐中山(徐达,死后追封中山王)、汤东瓯(汤和,死后封东瓯王)定寝穴,各志(记录)其处,藏袖中。三人合,穴遂定。门左有孙权墓,请徙(搬迁)。太祖曰:“孙权亦是好汉子,留他守门。”及开藏(打开宝藏),下为梁志公和尚(南朝高僧宝志,去世后,梁永定公主为其建造五层石塔一座)塔。真身

不坏，指爪绕身数匝（传说志公和尚为观音化身，出生时手足皆鸟爪）。军士辇(jú，运土的工具，这里意为"掘")之不起。太祖(朱元璋)亲礼之，许以金棺银椁，庄田三百六十，奉香火，舁(yú，抬)灵谷寺(在南京紫金山)塔之。今寺僧数千人，日食一庄田焉。陵寝定，闭外羡(墓道)，人不及知。所见者，门三、飨殿(祭殿)一、寝殿一、后山苍莽而已。壬午(明崇祯十五年)七月，朱兆宣簿太常，中元(阴历七月十五日中元节，又称鬼节、盂兰盆节)祭期，岱观之。飨殿深穆，暖阁去殿三尺，黄龙幔幔之。列二交椅，褥以黄锦孔雀翎，织正面龙，甚华重。席地以毡，走其上必去舄轻趾(脱去鞋子，轻轻地行走。舄，xì，鞋子)。稍咳，内侍辄叱曰："莫惊驾！"

近阁下一座，稍前为硕妃，是成祖(明成祖朱棣)生母。成祖生，孝慈皇后(朱元璋妻子马氏，谥孝慈)妊为己子，事甚秘。再下，东西列四十六席，或坐或否。祭品极简陋。朱红木簋、木壶、木酒樽，甚粗朴。簋(guǐ，盛食品的器具)中肉止三片，粉一铗(筷子)，黍数粒，东瓜汤一瓯而已。暖阁上一几，陈铜炉一、小筯瓶二、杯棬(木质杯子)二；下一大几，陈太牢一、少牢一(古代祭祀，牛羊猪三牲具备谓之太牢，只用羊、猪二牲叫少牢)而已。他祭或不同，岱所见如是。先祭一日，太常官属开牺牲(祭祀用的牲畜)所中门，导以鼓乐旗帜，牛羊自出，龙袱盖之。至宰割所，以四索缚牛蹄。太常官属至，牛正面立，太常官属朝牲揖，揖未起，而牛头已入燖(xún，火烤)所。燖已，舁至飨殿。次日五鼓，魏国至，主祀，太常官属不随班，侍立飨殿上。祀毕，牛羊已臭腐不堪闻矣。平常日进二膳，亦魏国陪祀，日必至云。

戊寅，岱寓鹭峰寺(在南京白鹭洲，始建于明天顺五年，为纪念唐代名僧鹭峰)。有言孝陵上黑气一股，冲入牛斗，百有馀日矣。岱夜起视，见之。自是流贼猖獗，处处告警。壬午，朱成国(朱纯臣，封成国公)与王应华(时任礼部侍郎，明亡后参与抗清，失败后隐居)奉敕修陵，木枯三百年者尽出为薪，发根，隧其下数丈，识者为伤地脉、泄王气，今果有甲申之变(崇祯十七年为甲申年，李自成起义军攻进北京，崇祯皇帝自缢，明亡)，则寸斩应华亦不足赎也。孝陵玉石二百八十二年，今岁清明，乃遂不得一盂麦饭,思之猿咽(如猿鸣一般悲切)。

报恩塔

中国之大古董,永乐(明成祖朱棣年号)之大窑器,则报恩塔(明成祖为纪念生母而建,在南京中华门外雨花路东,毁于太平天国战火,后复建)是也。报恩塔成于永乐初年,非成祖开国之精神、开国之物力、开国之功令(法律法令),其胆智才略足以吞吐此塔者,不能成焉。塔上下金刚佛像千百亿金身(装金的佛像,这里指用琉璃砖建成的佛像)。一金身,琉璃砖十数块凑砌成之,其衣折不爽(差错)分,其面目不爽毫,其须眉不爽忽(计量单位,一毫十丝,一丝十忽),斗笋(建筑物连接拼合的榫头)合缝,信属鬼工。

闻烧成时,具三塔相,成其一,埋其二,编号识(标记)之。今塔上损砖一块,以字号报工部,发一砖补之,如生成焉。夜必灯,岁费油若干斛(计量单位,古代一斛十斗,南宋末年改为一斛五斗)。天日高霁(晴朗),霏霏霭霭,摇摇曳曳,有光怪出其上,如香烟燎绕,半日方散。永乐时,海外夷蛮(外族)重译(辗转翻译)至者百有馀国,见报恩塔必顶礼(佛教的最高礼节)赞叹而去,谓四大部洲(古印度神话传说宇宙有四大洲是人类居住的世界,东方胜神洲、南方瞻部洲、西方牛贺洲、北方俱芦洲)所无也。

天台牡丹

天台(浙江天台)多牡丹,大如拱把(径围大如两手合围),其常也。某村中有鹅黄牡丹,一株三千,其大如小斗,植五圣祠前。枝叶离披(繁盛的样子),错出檐甃(砖)之上,三间满焉。花时数十朵,鹅子黄鹂、松花蒸栗,萼楼瓤吐,淋漓簇沓。土人(当地人)于其外搭棚演戏四五台,婆娑乐神。有侵花至漂发(毫发、细微)者,立致奇祟(灾祸)。土人戒勿犯,故花得蔽芾(花木茂盛的样子)而寿。

金乳生草花

金乳生喜莳（种植）草花。住宅前有空地，小河界之。乳生濒河构（建造）小轩三间，纵其趾（建筑物基础部分，底脚）于北，不方而长，设竹篱经其左。北临街，筑土墙，墙内砌花栏护其趾。再前，又砌石花栏，长丈馀而稍狭。栏前以螺山石垒山披（假山）数折，有画意。草木百馀本，错杂莳之，浓淡疏密，俱有情致。春以罂粟、虞美人为主，而山兰、素馨、决明佐之。春老以芍药为主，而西番莲、土萱、紫兰、山矾佐之。夏以洛阳花、建兰为主，而蜀葵、乌斯菊、望江南、茉莉、杜若、珍珠兰佐之。秋以菊为主，而剪秋纱、秋葵、僧鞋菊、万寿芙蓉、老少年、秋海棠、雁来红、矮鸡冠佐之。冬以水仙为主，而长春佐之。其木本如紫白丁香、绿萼、玉碟、蜡梅、西府、滇茶、日丹、白梨花，种之墙头屋角，以遮烈日。

乳生弱质多病，早起，不盥（盥洗）不栉（梳头），蒲伏阶下，捕菊虎，芟（除去）地蚕，花根叶底，虽千百本，一日必一周（遍）之。瘢头者火蚁，瘠枝者黑蚰，伤根者蚯蚓、蛴螬，贼叶者象干、毛猬。火蚁，以鲞骨、鳖甲置旁引出弃之。黑蚰，以麻裹筯头捋出之。蛴螬，以夜静持灯灭杀之。蚯蚓，以石灰水灌河水解之。毛猬，以马粪水杀之。象干虫，磨铁钱穴搜之。事必亲历，虽冰龟（皲裂）其手，日焦其额，不顾也。青帝（古代神话中的五天帝之一，东方司春之神）喜其勤，近产芝三本，以祥瑞之。

日月湖

宁波府城内，近南门，有日月湖。日湖圆，略小，故日（以日命名）之；月湖长，方（指占地面积）广，故月之。二湖连络如环，中亘（横贯）一堤，小桥纽之。日湖有贺少监（唐代诗人贺知章，下文"季真"为其字）祠。季真朝服拖绅，绝无黄冠（农夫野老之服）气象。祠中勒唐玄宗《饯行》

诗以荣之。季真乞鉴湖（镜湖，在浙江绍兴）归老，年八十馀矣。其《回乡》诗曰："幼小离家老大回，乡音无改鬓毛衰。儿孙相见不相识，笑问客从何处来？"八十归老，不为早矣，乃时人称为急流勇退，今古传之。

　　季真曾谒（拜见）一卖药王老，求冲举（飞升成仙）之术，持一珠贻（赠送）之。王老见卖饼者过，取珠易饼。季真口不敢言，甚懊惜之。王老曰："悭吝未除，术何由得！"乃还其珠而去。则季真直（只不过）一富贵利禄中人耳。《唐书》入之《隐逸传》，亦不伦甚矣。月湖一泓汪洋，明瑟（莹净）可爱，直抵南城。

　　城下密密植桃柳，四围湖岸，亦间植名花果木以紫带之。湖中栉比（密密排列）者皆士夫园亭，台榭倾圮，而松石苍老。石上凌霄藤有斗大者，率百年以上物也。四明（今浙江宁波）缙绅（官宦士大夫），田宅及其子，园亭及其身。平泉木石，多暮楚朝秦，故园亭亦聊且为之，如传舍衙署焉。屠赤水（明代文学家、戏曲家屠隆）娑罗馆亦仅存娑罗而已。所称"雪浪"等石，在某氏园久矣。清明日，二湖游船甚盛，但桥小船不能大。城墙下趾稍广，桃柳烂漫，游人席地坐，亦饮亦歌，声存西湖一曲。

金山夜戏

　　崇祯二年（1629年）中秋后一日，余道（经由）镇江往兖。日晡（申时，下午三点到五点），至北固（北固山，在今江苏镇江北长江边），舣舟（停船靠岸）江口。月光倒囊入水，江涛吞吐，露气吸之，噀（xùn，喷吐）天为白。余大惊喜。移舟过金山寺，已二鼓矣。经龙王堂，入大殿，皆漆静（昏暗宁静）。林下漏月光，疏疏如残雪。余呼小傒携戏具，盛张灯火大殿中，唱韩蕲王（韩世忠）金山及长江大战诸剧。锣鼓喧阗，一寺人皆起看。有老僧以手背揉眼翳（揉擦眼角），翕然张口（目瞪口呆的样子），呵欠与笑嚏俱至。徐（缓慢）定睛，视为何许人，以何事何时至，皆不敢问。剧完将曙，解缆过江。山僧至山脚，目送久之，不知是人、是怪、是鬼。

筠芝亭

筠芝亭，浑朴一亭耳。然而亭之事尽，筠芝亭一山之事亦尽。吾家后此亭而亭者（在此亭之后建的亭），不及筠芝亭；后此亭而楼者、阁者、斋者，亦不及。总之，多一楼，亭中多一楼之碍；多一墙，亭中多一墙之碍。太仆公（作者曾祖张文恭）造此亭成，亭之外更不增一椽一瓦，亭之内亦不设一槛一扉，此其意有在也。亭前后，太仆公手植树皆合抱，清樾轻岚，瀜瀜翳翳（云气升腾烟云弥漫的样子），如在秋水。亭前石台，猎取亭中之景物而先得之，升高眺远，眼界光明。敬亭诸山，箕踞麓下。溪壑萦回，水出松叶之上。台下右旋，曲磴（石台阶）三折，老松偻背而立，顶垂一干，倒下如小幢（仪仗用的旗帜），小枝盘郁，曲出辅之，旋盖如曲柄葆羽（用鸟羽装饰的华盖）。癸丑以前，不垣（围墙）不台，松意尤畅。

砎　园

砎园（在今浙江绍兴，传说为张岱祖父所建。砎，jiè，坚硬的石头，比喻耿介的气质），水盘据之，而得水之用，又安顿之若无水者。寿花堂，界以堤，以小眉山，以天问台，以竹径，则曲而长，则水之。内宅，隔以霞爽轩，以酶漱，以长廊，以小曲桥，以东篱，则深而邃，则水之。临池，截以鲈香亭、梅花禅，则静而远，则水之。缘城，护以贞六居，以无漏庵，以菜园，以邻居小户，则闷（bì，幽静）而安，则水之用尽。而水之意色，指归乎庞公池之水。庞公池，人弃我取，一意向园，目不他瞩，肠不他回，口不他诺，龙山蟠蜿（kuí ní，蚰蜒），三折就之，而水不之顾。人称砎园能用水，而卒得水力焉。大父（祖父）在日，园极华缛（华采繁富美盛）。有二老盘旋其中，一老曰："竟是蓬莱阆苑（传说中神仙居住的地方）了也。"一老咈（fú，否定）之曰："个边那有这样！"

葑门荷宕

天启壬戌(天启二年,1622年)六月二十四日(相传是荷花生日,苏州民俗,此日赏荷),偶至苏州,见士女(青年男女)倾城而出,毕集于(全都会聚在)葑门(今苏州东城门,初名封门,因周围多水塘盛产葑也就是茭白,改名葑门)外之荷花宕(荷荡)。楼船画舫(装饰华美的船只)至鱼艓小艇,雇觅一空。远方游客,有持数万钱无所得舟,蚁旋(像蚂蚁一样回旋,形容焦急之状)岸上者。余移舟往观,一无所见。宕中以大船为经,小船为纬,游冶子弟,轻舟鼓吹,往来如梭。舟中丽人皆倩妆淡服,摩肩簇舄(鞋),汗透重纱。舟楫之胜以挤,鼓吹之胜以集,男女之胜以溷(混杂),歊(热气腾发)暑燂烁(炎热。燂,xún),靡沸终日而已。荷花宕经岁无人迹,是日,士女以鞋靸(拖着鞋)不至为耻。袁石公(袁宏道,号石公)曰:"其男女之杂,灿烂之景,不可名状。"大约露帏(帷帐)则千花竞笑,举袂(衣袖)则乱云出峡,挥扇则星流月映,闻歌则雷辊(雷声轰鸣)涛趋。盖恨虎丘(在江苏苏州,有"吴中第一名胜"美称)中秋夜之模糊躲闪,特(只有)至是日而明白昭著之也。

越俗扫墓

越俗扫墓,男女袨服(华服)靓妆,画船箫鼓,如杭州人游湖,厚人薄鬼,率以为常。二十年前,中人之家尚用平水屋帻船,男女分两截坐,不坐船,不鼓吹。先辈谑之曰:"以结上文两节之意。"后渐华靡,虽监门小户男女,必用两坐船,必巾,必鼓吹,必欢呼畅饮。下午必就其路之所近,游庵堂、寺院及士夫家花园。鼓吹近城,必吹《海东青》《独行千里》,锣鼓错杂。酒徒沾醉,必岸帻(衣着简率不拘)嚣嘑(大喊大叫),唱无字曲,或舟中攘臂,与侪列(同伴)斯打。自二月朔(农历每月初一)至夏至,填城溢国,日日如之。乙酉方兵(战事),划江而守,虽鱼艓

(chā,一种小船)菱舠(dāo,形如刀的小船),收拾略尽。坟垅数十里而遥,子孙数人挑鱼肉楮钱(祭祀时焚化的纸钱),徒步往返之,妇女不得出城者三岁矣。萧索凄凉,亦物极必反之一。

奔云石

南屏(南屏山,在杭州西湖南岸,产奇石)石无出奔云右(之上)者。奔云得其情,未得其理。石如滇茶一朵,风雨落之,半入泥土,花瓣棱棱,三四层折。人走其中,如蝶入花心,无须不缀也。黄寓庸先生(黄汝亨,明代文人)读书其中,四方弟子千馀人,门如市。余幼从大父访先生。先生面鬻黑,多髭须,毛颊,河目海口,眉棱鼻梁,张口多笑。交际酬酢(应酬),八面应之。耳聆客言,目睹来牍,手书回札,口嘱僮奴(奴仆),杂沓于前,未尝少错。客至,无贵贱,便肉、便饭食之,夜即与同榻。余一书记(掌管文书的人)往,颇秽恶,先生寝食之不异也,余深服之。

丙寅(天启六年,1626年)至武林(杭州),亭榭倾圮,堂中窀(埋葬)先生遗蜕(遗体),不胜人琴之感(《世说新语》中王子猷、王子敬典故,表达对亲友的哀悼思念之情)。余见奔云黝润(黑色光润的样子),色泽不减,谓客曰:"愿假此一室,以石礌(磊)门,坐卧其下,可十年不出也。"客曰:"有盗。"余曰:"布衣褐被,身外长物则瓶粟与残书数本而已。王弇州(王世贞,号弇州)不曰'盗亦有道也'哉?"

木犹龙

木龙出辽海(辽河流域及以东沿海地区),为风涛漱击,形如巨浪跳蹴(跳跃),遍体多著波纹,常开平王(常遇春,明开国功臣,死后封开平王)得之辽东,辇至京。开平第(府第)毁,谓木龙炭矣。及发瓦砾,见木龙埋入地数尺,火不及,惊异之,遂呼为龙。不知何缘出易(交换、出卖)于市,先君子(已去世的父亲)以犀觥十七只售之,进鲁献王(当为鲁宪王朱寿鋐），误书"木龙"犯讳，峻辞之，遂留长史署中。先君子弃世，余载归，传为世宝。丁丑诗社，恳名公人赐之名，并赋小言咏之。周墨农（作者好友）字以"木犹龙"，倪鸿宝（明代书画家倪元璐）字以"木寓龙"，祁世培（明代文人祁彪佳）字以"海槎"，王士美（王业洵）字以"槎浪"，张毅儒（作者堂弟）字以"陆槎"，诗遂盈帙。木龙体肥痴，重千余斤，自辽之（去往）京、之兖、之济，由陆。济之杭，由水。杭之江、之萧山、之山阴（绍兴）、之余舍，水陆错。前后费至百金，所易价不与焉。呜呼，木龙可谓遇矣！

余磨其龙脑尺木，勒（刻）铭志之，曰："夜壑风雷，骞槎化石；海立山崩，烟云灭没；谓有龙焉，呼之或出。"又曰："扰龙张子（作者自称），尺木书铭；何以似之？秋涛夏云。"

天　砚

少年视砚，不得砚丑。徽州汪砚伯至，以古款废砚，立得重价，越中藏石俱尽。阅砚多，砚理出。曾托友人秦一生为余觅石，遍城中无有。山阴狱中大盗出一石，璞耳，索银二斤。余适往武林，一生造次（仓促匆忙）不能辨，持示燕客（作者叔父之子张萼，号燕客）。燕客指石中白眼曰："黄牙臭口，堪留支桌。"赚（哄骗）一生还盗。燕客夜以三十金攫去。命砚伯制一天砚，上五小星一大星，谱曰"五星拱月"。燕客恐一生见，铲去大小二星，止留三小星。一生知之，大懊恨，向余言。余笑曰："犹子比儿。"（语出《千字文》："诸姑伯叔，犹子比儿。"这里是安慰秦一生，砚台在燕客那里与在他手里一样，不必太计较。犹子，侄子）亟往索看。燕客捧出，赤比马肝，酥润如玉，背隐白丝类玛瑙，指螺细篆，面三星坟起（隆起突出）如弩眼，着墨无声而墨沉烟起，一生痴癔（痴呆），口张而不能翕。燕客属余铭，铭曰："女娲炼天，不分玉石；鳌血芦灰，烹霞铸日；星河溷扰，参横箕翕（参、箕均为星宿名，这里指砚上的小星）。"（以上四句的意思：女娲炼五色石补天，折鳌四足支撑四极，用芦灰堵洪水）

吴中绝技

吴中(泛指吴地,江苏苏州吴县一带)绝技:陆子冈之治玉,鲍天成之治犀,周柱之治嵌镶,赵良璧之治梳,朱碧山之治金银,马勋、荷叶李之治扇,张寄修之治琴,范昆白之治三弦子(一种传统弹拨乐器),俱可上下百年保无敌手。

但其良工苦心,亦技艺之能事。至其厚薄深浅,浓淡疏密,适与后世赏鉴家之心力、目力针芥相对(即针芥相投,比喻性情契合,合得来),是岂工匠之所能办乎?

盖技也而进乎道矣。

濮仲谦雕刻

南京濮仲谦,古貌古心,粥粥(卑恭和顺)若无能者,然其技艺之巧,夺天工焉。其竹器,一帚一刷,竹寸耳,勾勒数刀,价以两计。然其所以自喜者,又必用竹之盘根错节,以不事刀斧为奇,则是经其手略刮磨之,而遂得重价,真不可解也。仲谦名噪甚,得其款(款式),物辄腾贵(物价上涨,昂贵)。三山街(在今南京中华路建康路交会处)润泽(受到恩惠)于仲谦之手者数十人焉,而仲谦赤贫自如也。于友人座间见有佳竹、佳犀,辄自为之。意偶不属,虽势劫之、利啖(利诱)之,终不可得。

卷二

【导读】

　　卷二，有《孔庙桧》《孔林》《燕子矶》《鲁藩烟火》《朱云崃女戏》《绍兴琴派》《花石纲遗石》《焦山》《表胜庵》《梅花书屋》《不二斋》《砂罐锡注》《沈梅冈》《峤嵝山房》《三世藏书》等十五篇。

　　从内容看，大致可分为三类，《孔庙桧》《孔林》《鲁藩烟火》《燕子矶》《焦山》等篇，记录作者山东、南京、镇江游历所见；《花石纲遗石》《砂罐锡注》《沈梅冈》《朱云崃女戏》《绍兴琴派》等篇，则状写奇异风物与民间技艺，表现其雅致癖好；而《梅花书屋》《不二斋》《峤嵝山房》《三世藏书》《表胜庵》等篇，是对老家物事的回忆，充满了物是人非的沧桑感。

　　从写法看，有许多可圈点处。本书文章都极短，但三言两语之中，却有细腻传神的描绘，这一卷中可举出多例。

　　梅花书屋、不二斋、峤嵝山房这些自小生活之处，作者自然是笔端充溢着怀念，描写细腻而入情，回忆之中，哪里是书，哪里是花，哪里有石峰，一石一木历历在目，丝丝缕缕都在心头，亲切温馨但却"思之如在隔世"！写到"三世藏书"，沉痛哀怨，情透纸背。最细

腻生动的,当属《鲁藩烟火》中烟火燃放的盛景。先是正面写处处张灯,灯与烟火相衬相映,"身入灯中、光中、影中、烟中、火中,闪烁变幻,不知其为王宫内之烟火,亦不知其为烟火内之王宫也"。再写木架、珠帘、各色火器,有静态的,有活动的,烟火车"且阵且走",百兽出火。然后镜头推远,写城门内外,"烟焰蔽天","月不得明,露不得下"。再从看者角度侧面写"耳目攫夺,屡欲狂易",可见其效果有多么震撼。最后,引苏州人夸耀家乡烟火言语"此时天上被烟火挤住,无空隙处耳"!衬托鲁藩烟火之盛,极为生动。

文章往往在文末点题,所谓"卒章显其志",张岱也这样。但有味道的是他并不径道感慨,直发议论,而是以一细节点睛,留下一个生动画面或情景,让读者越咀摸越有味。比如,写孔府竟然置明朝封号不用以显其大,引孔家人话语"天下只三家人家:我家与江西张、凤阳朱而已。江西张,道士气;凤阳朱,暴发人家,小家气"。一语道破其心志。写焦山祠中隐居不仕的焦处士竟然被华府冠盖,以王礼祀之,作者用"是犹以杜十姨配伍髭须"讥之,仅是一个比喻,但又是一个画面,让读者会心而忍俊不禁。赞叹花石纲遗石之美莫可名状,则用"吴无奇游黄山"来比方,描摹吴之情态:见一怪石,辄瞋目叫曰:"岂有此理!岂有此理!"

孔庙桧

己巳(崇祯二年,1629年)至曲阜,谒孔庙,买门者门以入。宫墙上有楼耸出,匾曰"梁山伯祝英台读书处",骇异之。进仪门,看孔子手植桧。桧历周、秦、汉晋几千年,至晋怀帝永嘉三年(309年)而枯。枯三百有九年(三百九十年),子孙守之不毁,至隋恭帝义宁元年(617年)复生。生(活)五十一年,至唐高宗乾封三年(668年)再枯。枯三百七十有四年,至宋仁宗康定元年(1040年)再荣。至金宣宗贞祐三年(1215年)

罹于兵火，枝叶俱焚，仅存其干，高二丈有奇。后八十一年，元世祖三十一年（1294 年）再发。

至洪武二十二年己巳（1389 年），发数枝，蓊郁；后十馀年又落。摩（抚摸摩擦）其干，滑泽坚润，纹皆左纽，扣之作金石声。孔氏子孙恒（长期）视其荣枯，以占（占卜）世运焉。再进一大亭，卧一碑，书"杏坛"二字，党英（党怀英，金代文学家、书法家）笔也。亭界一桥，洙、泗水汇此。过桥，入大殿，殿壮丽，宣圣（孔子的尊称，汉平帝追谥孔子为褒成宣公，后历代王朝皆尊其为圣人）及四配（配祀孔子的四位儒门圣贤：复圣颜子、宗圣曾子、述圣思子、亚圣孟子）、十哲（孔子门下最优秀的十位学生：子渊、子骞、伯牛、仲弓、子有、子贡、子路、子我、子游、子夏）俱塑像冕旒（古代大夫以上的礼冠。顶有延，前有旒，故称"冕旒"）。案上列铜鼎三、一牺、一象、一辟邪（传说中似鹿而长尾，有两角的神兽），款制遒古，浑身翡翠，以钉钉案上。阶下竖历代帝王碑记，独元碑高大，用风磨铜赑屃（bì xì，传说中的动物，外形像龟，能负重，石碑基座多雕其形），高丈馀。左殿三楹，规模略小，为孔氏家庙。东西两壁，用小木匾书历代帝王祭文。西壁之隅，高皇帝（明高祖朱元璋，凤阳人）殿焉。庙中凡明朝封号，俱置不用，总以见其大也。孔家人曰："天下只三家人家：我家与江西张、凤阳朱而已。江西张，道士气；凤阳朱，暴发人家，小家气。"

孔 林

曲阜出北门五里许，为孔林（孔子及其后裔的墓地）。紫金城（皇城、红城，这里应指类似皇城的红色城墙）城之，门以楼，楼上见小山一点，正对东南者，峄山（即邹山，在今山东邹县）也。折而西，有石虎、石羊三四，在榛莽中。过一桥，二水汇，泗水也。享殿后有子贡（孔子弟子，端木赐，字子贡）手植楷（黄连木）。楷大小千馀本，鲁人取为材、为棋枰（棋盘）。享殿（祭殿）正对伯鱼（孔子的儿子孔鲤，字伯鱼）墓，圣人葬其子得中气（中和之气）。由伯鱼墓折而右，为宣圣墓（孔子墓）。去数丈，案一小山，小山之南为子思(孔子的孙子孔伋,字子思)墓。数百武(百步)之内,父、子、孙三墓在焉。谯周(三国时期蜀汉学者儒学家、史学家)云:"孔子死后,鲁人就冢次而居者百有馀家,曰'孔里'。"《孔丛子》(记叙孔子及子思、子上、子高、子顺等人的言行,后世学者认为此书为伪托之书)曰:"夫子墓茔方一里,在鲁城北六里泗水上"。诸孔氏封五十馀所,人名昭穆(古代宗法制度规定的宗庙中神主排列次序,始祖居中,以下相递为昭穆,左昭右穆),不可复识。

有碑铭三,兽碣俱在。《皇览》(三国魏文帝时的一部类书,因供皇帝阅览而得名)曰:"弟子各以四方奇木来植,故多异树,不能名。一里之中未尝产棘木、荆草。"紫金城外,环而墓者数千家,三千二百馀年,子孙列葬不他徙,从古帝王所不能比隆(同complex盛)也。宣圣墓右,有小屋三间,匾曰"子贡庐墓处"(孔子死后,群弟子守墓三年而亡,唯子贡哀思未尽,独在此又守三年。后人为纪念此事,建屋三间,立碑一座,题为"子贡庐墓处")。盖自兖州至曲阜道上,时官以木坊表识,有曰"齐人归讙处"(齐国与鲁国不和,占领了讙、阐两地,后来和好,齐人把讙地和阐地归还给鲁国),有曰"子在川上处"(语出《论语》:"子在川上曰'逝者如斯夫!不分昼夜。'"),尚有义理;至泰山顶上,乃勒石曰"孔子小天下处"(语出《孟子》:"孔子登东山而小鲁,登泰山而小天下。"),则不觉失笑矣。

燕子矶

燕子矶(在今南京城北,因石峰突出山上,三面临空,远望如燕子展翅欲飞得名),余三过之。水势湁潗(水流喷涌而出),舟人至此,捷捽(抓取)抒取,钩挽铁缆,蚁附而上。篷窗中见石骨棱层,撑拒水际,不喜而怖,不识岸上有如许境界。戊寅到京后,同吕吉士出观音门,游燕子矶。方晓佛地仙都,当面蹉过之矣。登关王殿,吴头楚尾,是侯用武之地,灵爽赫赫,须眉戟起。缘山走矶上,坐亭子,看江水漱洌(水流很急的样子),舟下如箭。折而南,走观音阁,度索上之。阁旁僧院,有峭壁千寻

（古代长度单位，一寻为八尺），碚礌（坚硬的石头）如铁；大枫数株，蓊以他树，森森冷绿；小楼痴对，便可十年面壁。今僧寮佛阁，故故背之，其心何忍？是年，余归浙，闵老子、王月生送至矶，饮石壁下。

鲁藩烟火

兖州鲁藩（朱元璋第十子朱檀被封为鲁王，后世代因袭，故名）烟火妙天下。烟火必张灯，鲁藩之灯，灯其殿（在殿中点灯），灯其壁，灯其楹柱，灯其屏，灯其座，灯其宫扇伞盖。诸王公子、宫娥僚属、队舞乐工，尽收为灯中景物。及放烟火，灯中景物又收为烟火中景物。天下之看灯者，看灯灯外；看烟火者，看烟火烟火外。未有身入灯中、光中、影中、烟中、火中，闪烁变幻，不知其为王宫内之烟火，亦不知其为烟火内之王宫也。殿前搭木架数层，上放"黄蜂出窠"、"撒花盖顶"、"天花喷礴"。四旁珍珠帘八架，架高二丈许，每一帘嵌孝、悌、忠、信、礼、义、廉、耻一大字。每字高丈许，晶映高明。下以五色火漆塑狮、象、橐驼之属百馀头，上骑百蛮，手中持象牙、犀角、珊瑚、玉斗诸器，器中实"千丈菊"、"千丈梨"诸火器，兽足蹑以车轮，腹内藏人。旋转其下，百蛮手中，瓶花徐发，雁雁行行，且阵且走（一边排队一边奔跑）。移时，百兽口出火，尻亦出火，纵横践踏。端门内外，烟焰蔽天，月不得明，露不得下。看者耳目攫夺，屡欲狂易（精神失常），恒内手持之。昔者有一苏州人，自夸其州中灯事之盛，曰："苏州此时有烟火，亦无处放，放亦不得上。"众曰："何也？"曰："此时天上被烟火挤住，无空隙处耳！"人笑其诞（说大话）。于鲁府观之，殆不诬（欺骗）也。

朱云崃女戏

朱云崃（应为老艺人名）教女戏，非教戏也。未教戏，先教琴，先教琵琶，先教提琴、弦子、萧管、鼓吹、歌舞，借戏为之，其实不专为戏也。

郭汾阳(郭子仪，封汾阳郡王)、杨越公(杨素，封越国公)、王司徒(王允)女乐，当日未必有此。丝竹错杂，檀板清讴，入妙腠理，唱完以曲白终之，反觉多事矣。

西施歌舞，对舞者五人，长袖缓带，绕身若环，曾挠摩地，扶旋猗那，弱如秋药。女官内侍，执扇葆璇盖、金莲宝炬、纨扇宫灯二十馀人，光焰荧煌，锦绣纷叠，见者错愕(吃惊)。(以上文字描述的当为传奇剧《浣纱记》演出的盛况)云老好胜，遇得意处，辄盱目(瞪大眼睛)视客；得一赞语，辄走戏房，与诸姬道之，傥(不时)出傥入，颇极劳顿。且闻云老多疑忌，诸姬曲房密户，重重封锁，夜犹躬自巡历，诸姬心憎之。有当御(抵挡)者，辄遁去，互相藏闪，只在曲房，无可觅处，必叱咤而罢。殷殷防护，日夜为劳，是无知老贱，自讨苦吃者也，堪为老年好色之戒。

绍兴琴派

丙辰(1616年)，学琴于王侣鹅。绍兴存王明泉派者推侣鹅，学《渔樵回答》《列子御风》《碧玉调》《水龙吟》《捣衣环珮声》等曲。戊午(1618年)，学琴于王本吾，半年得二十馀曲：《雁落平沙》《山居吟》《静观吟》《清夜坐钟》《乌夜啼》《汉宫秋》《高山流水》《梅花弄》《淳化引》《沧江夜雨》《庄周梦》，又《胡笳十八拍》《普庵咒》等小曲十馀种。王本吾指法圆静，微带油腔(腔调浮滑)。余得其法，练熟还生，以涩勒(不润滑不顺畅)出之，遂称合作。同学者，范与兰、尹尔韬、何紫翔、王士美、燕客、平子。与兰、士美、燕客、平子俱不成，紫翔得本吾之八九而微嫩，尔韬得本吾之八九而微迂。余曾与本吾、紫翔、尔韬取琴四张弹之，如出一手，听者骇(吃惊)服。后本吾而来越者，有张慎行、何明台，结实有馀而萧散(音乐的悠扬闲散)不足，无出本吾上者。

花石纲遗石

越中无佳石。董文简（董玘，谥文简，官至吏部左侍郎，死后赠礼部尚书）斋中一石，磊块正骨（凹凸不平又直耸正气），窅咤（这里指洞穴）数孔，疏爽明易（疏朗清爽，明朗平坦），不作灵谲波诡，朱勔花石纲（北宋时为修建艮岳，宋徽宗在苏州设应奉局，由朱勔主持，在江南搜罗花木奇石经水路运至汴京。船队十艘一组为一"纲"，因称"花石纲"）所遗，陆放翁（陆游）家物也。文简竖之庭除（庭院），石后种剔牙松（括子松的俗称）一株，辟呷负剑（形容石头与松树相得益彰的形态与亲密无间的依存关系），与石意相得（契合）。文简轩其北，名"独石轩"，石之轩独之无异也。石篑先生（陶周望，号石篑）读书其中，勒铭志之。

大江以南花石纲遗石，以吴门徐清之（留园主人徐泰时，号渔浦，官至太仆寺少卿）家一石为石祖（奇石之祖，奇石中之最奇者）。石高丈五，朱勔移舟中，石盘沉太湖底，觅不得，遂不果行（终未能成行）。后归乌程董氏（湖州南浔董份），载至中流，船复覆。董氏破资（花钱）募善入水者取之。先得其盘，诧异之，又溺水取石，石亦旋起，时人比之延津剑（亦称"延津宝剑"，指龙泉、太阿两剑）焉。后数十年，遂为徐氏有。再传至清之，以三百金竖之。石连底高二丈许，变幻百出，无可名状。大约如吴无奇（明代文人）游黄山，见一怪石，辄瞋目（瞪大眼睛）叫曰："岂有此理！岂有此理！"

焦　山

仲叔守瓜州（在今江苏邗江，与镇江隔江相望），余借住于园，无事辄登金山寺（在江苏镇江）。风月清爽，二鼓，犹上妙高台（又名晒经台，"妙高"是梵语"须弥"的意译），长江之险，遂同沟浍（田间水渠沟壑）。一日，放舟焦山，山更纡谲（曲折）可喜。江曲涡山下，水望澄明，渊无潜甲。海

猪、海马，投饭起食，驯扰若豢（饲养）鱼。看水晶殿，寻瘗鹤铭（摩崖刻石，葬鹤的铭文，东晋大书法家王羲之所书，我国保存价值极高的"二铭"之一，被称为"碑中之王"），山无人杂，静若太古。回首瓜州，烟火城中，真如隔世。饭饱睡足，新浴而出，走拜焦处士祠（汉处士焦光隐居于此，汉献帝三次下诏请他出仕，他"三招不起"，终老山中，焦山也由他得名）。见其轩冕黼黻（衣冠服饰精美华丽），夫人列坐，陪臣四，女官四，羽葆云罕（装饰华丽的车盖旌旗），俨然王者。盖土人奉为土谷（土地神和五谷神），以王礼祀之。是犹以杜十姨配伍髭须（比喻传说讹误。杭州有杜拾遗庙，祭祀杜甫，有个乡村学究竟误为杜十姨，于是作女像，以配刘伶。伍髭须，浙西吴风村有伍子胥庙，村人讹传为"伍髭须"，因塑其像，胡须分五处），千古不能正其非也。处士有灵，不知走向何所？

表胜庵

炉峰（山名，又称九里山，在绍兴城南，或指香炉峰）石屋（书院），为一金（僧人名）和尚结茅（构筑草庐）守土（居住）之地，后住锡柯桥融光寺。大父（祖父）造表胜庵成，迎和尚还山住持（方丈，寺庙的主管，这里应指掌管）。命余作启（书信），启曰："伏（俯伏下拜，书信开头的话，表示对收信人的尊敬）以丛林（寺院）表胜，惭给孤（给孤园，古印度的佛教五大道场之一）之大地布金（布金院，古代著名寺院名）；天瓦（天瓦庵，即古石屋禅寺）安禅（安静地打坐），冀（希望）宝掌（僧人名，中印度人。世称宝掌千岁和尚、千岁宝掌，因出生时左手握拳，至七岁剃发始展掌，故称）自五天（五天竺，即古印度。古印度分东西南北中五个区域）飞锡（佛教语，指僧人等执锡杖飞空）。重来石塔，戒（准备）长老特为东坡；悬契（悬挂垂投）松枝，万（一定）回师却逢西向（面向西方佛国）。去无作相（弃绝众相，不事造作，不务空言），住亦随缘（顺随身心对外界的感触）。伏惟（念及，想到）九里山之精蓝（佛寺僧舍），实是一金师之初地（寺院）。偶听柯亭（地名，今浙江绍兴市西南）之竹笛，留滞人间；久虚石屋之烟霞（烟雾云霞，泛指山水山林，借喻红尘俗世），应超尘外。譬之孤天之鹤，尚眷旧枝；想彼弥（弥满）空之云，亦归故岫（山洞）。况兹胜域（名胜之地），宜兆（预兆）异人，了（结束）住山之夙因（前世因缘），立开堂（新任命的住持入院时开法堂宣说大法）之新范。护门容虎，洗钵归龙。著得先春，仍是寒泉风味；香来破腊（岁末），依然茅屋梅花。半月岩似与人猜，请大师试为标指（准则）；一片石正堪对语，听生公说到点头（用"生公说法，顽石点头"典故，表达期盼大师回住）。敬藉（借）山灵，愿同石隐。倘静念结远公之社（远公，东晋时名僧，慧远的尊称，他与一百多信徒在庐山结社，倡导净土法门），定不攒眉（皱眉不乐）；若居心如康乐（谢灵运，袭封康乐公，山水诗开创者）之流，自难开口。立返山中之驾，看回湖上之船，仰望慈悲，俯从大众。"

梅花书屋

陔萼楼后老屋倾圮（倒塌），余筑基四尺，造书屋一大间。旁广耳室（堂屋旁的小房间）如纱幮（纱帐），设卧榻。前后空地，后墙坛其趾（墙脚），西瓜瓤大牡丹三株，花出墙上，岁满三百馀朵。坛前西府（西府海棠）二树，花时积三尺香雪（形容白花如香雪）。前四壁稍高，对面砌石台，插太湖石数峰。西溪梅骨古劲，滇茶数茎妩媚，其旁梅根种西番莲，缠绕如缨络（用珠玉串成的装饰品）。窗外竹棚，密宝襄（宝襄花，疑指缠枝牡丹一类，攀于竹棚上）盖之。阶下翠草深三尺，秋海棠疏疏杂入。前后明窗，宝襄西府，渐作绿暗。余坐卧其中，非高流佳客，不得辄入。慕倪迂（元代书画家倪瓒号云林子，人称倪迂。家中建有收藏图书的"清閟阁"），又以"云林秘阁"名之。

不二斋

不二斋，高梧三丈，翠樾（成荫的绿树）千重，墙西稍空，蜡梅补之，但有（只有）绿天，暑气不到。后窗墙高于槛，方竹数竿，潇潇洒洒，郑子

27

昭"满耳秋声"横披一幅。天光下射，望空视之，晶沁（亮光透入）如玻璃（指天然水晶一类物质）云母，坐者恒（竟然）在清凉世界。图书四壁，充栋连床（形容书多）；鼎彝（祭器）尊罍（酒樽），不移而具。余于左设石床竹几，帷之纱幕，以障蚊虻；绿暗侵纱，照面成碧。夏日，建兰、茉莉，芗泽（香泽、香气）浸人，沁入衣裾。重阳（重阳节）前后，移菊北窗下，菊盆五层，高下列之，颜色空明，天光晶映，如沉秋水。冬则梧叶落，蜡梅开，暖日晒窗，红炉氍毹（毛毯）。以昆山石种水仙，列阶趾。春时，四壁下皆山兰，槛前芍药半亩，多有异本。余解衣盘礴（箕坐，很放松的姿态），寒暑未尝轻（轻易）出，思之如在隔世。

砂罐锡注

宜兴罐（宜兴产陶制壶罐），以龚春（明代正德、嘉靖年间制陶名家）为上，时大彬次之，陈用卿又次之。锡注（锡制酒壶），以王元吉为上，归懋德次之。夫砂罐，砂也；锡注，锡也。器方脱手，而一罐一注价五六金，则是砂与锡与价，其轻重正相等焉，岂非怪事！一砂罐、一锡注，直跻（上升达到）之商彝、周鼎（商周时期的青铜礼器，泛指珍贵的古董）之列而毫无惭色，则是其品地也。

沈梅冈

沈梅冈（沈东，号梅冈，官至礼科给事中，因得罪严嵩被下狱达十八年）先生忤相嵩（严嵩，任首辅称相，把持朝政多年），在狱十八年。读书之暇，旁攻匠艺，无斧锯，以片铁日夕磨之，遂铦利（锋利）。得香楠尺许，琢为文具一，大匣三、小匣七、壁锁二。棕竹数片为箑（shà，扇子）一，为骨十八，以笋、以缝、以键，坚密肉好，巧匠谢不能事。夫人丐（请求）先文恭（张元忭，谥文恭，作者曾祖父）志公墓，持以为贽（见面礼），文恭拜受之。铭其匣曰："十九年，中郎节（西汉时苏武以中郎将身份出使匈奴十九年，手

持汉节,不忘汉朝,啖毡饮雪,终不变节)。十八年,给谏匣(沈东因为进谏而被囚十八年,狱中制匣)。节邪(语助词,呀)匣邪同一辙。"铭其篚曰:"塞外毡,饥可餐。狱中篚,尘莫干。前苏后沈(苏武与沈东)名班班(显著)。"梅冈制,文恭铭,徐文长(徐渭字文长,著名诗人、书画家)书,张应尧(康熙时著名雕刻艺人)镌,人称四绝,余珍藏之。

又闻其以粥炼土,凡数年,范(用模子浇铸)为铜鼓者二,声闻里许(一里左右),胜暹罗(泰国)铜。

岣嵝山房

岣嵝山房(作者朋友李萼号岣嵝,在灵隐韬光山筑建山房,作者与友人曾读书其中。岣嵝,山巅),逼(靠近)山、逼溪、逼韬光路,故无径不梁,无屋不阁。门外苍松傲睨,蓊以杂木,冷绿万顷,人面俱失。石桥低磴,可坐十人。寺僧刳(劈)竹引泉,桥下交交牙牙(错杂),皆为竹节。天启甲子(天启四年),余键户(闭门不出)其中者七阅月(过了七个月),耳饱溪声,目饱清樾。

山上下多西栗、鞭笋,甘芳无比。邻人以山房为市,蓏果(瓜果)、羽族(禽类)日致之,而独无鱼。乃潴溪为壑(拦溪蓄水为坑),系(放养)巨鱼数十头。有客至,辄取鱼给鲜。日晡(申时,下午三点至五点)必出,步冷泉亭、包园、飞来峰。一日,缘溪走看佛像,口口骂杨髡(杨琏真伽,元朝江南释教都总统,掌江南佛教事务。是元朝赴江南去汉化的急先锋,盗挖钱塘、绍兴之南宋皇陵,盗宝弃骨于野)。见一波斯(伊朗,这里泛指中东地区)坐龙象,蛮女(胡女)四五献花果,皆裸形,勒石志之,乃真伽(杨髡)像也。余椎(锤,敲打)落其首,并碎诸蛮女,置溺溲(撒尿)处以报之。寺僧以余为椎佛(以为我捶打佛像)也,咄咄作怪事,及知为杨髡,皆欢喜赞叹。

三世藏书

余家三世积书三万馀卷。大父诏余曰："诸孙中惟尔（你）好书，尔要看者，随意携去。"余简（挑选）太仆、文恭大父（作者曾祖父张元忭）丹铅（点勘书籍用的朱砂和铅粉，借指校订之事）所及有手泽者存焉，汇以请（请示），大父喜，命异（抬）去，约二千馀卷。天启乙丑（天启五年），大父去世，余适往武林（杭州），父叔及诸弟、门客、匠指（工匠）、臧获（奴婢）、巢婢（女奴）辈乱取之，三代遗书（前人的藏书）一日尽失。余自垂髫（孩童）聚书四十年，不下三万卷。乙酉避兵入剡（浙江嵊县），略携数簏（竹箱）随行，而所存者，为方兵所据，日裂以吹烟，并异至江干（江岸），籍（垫）甲内，挡箭弹，四十年所积，亦一日尽失。此吾家书运，亦复谁尤！余因叹古今藏书之富，无过隋、唐。隋嘉则殿分三品，有红琉璃、绀琉璃、漆轴之异。殿垂锦幔，绕刻飞仙。帝幸（帝王亲临）书室，践暗机（隐藏的机关），则飞仙收幔而上，橱扉自启；帝出，闭如初。隋之书计三十七万卷。唐迁内库书于东宫丽正殿，置修文、著作两院学士，得通籍出入。太府月给蜀都麻纸五千番，季给上谷墨三百三十六丸，岁给河间、景城、清河、博平四郡兔千五百皮为笔，以甲、乙、丙、丁为次。唐之书计二十万八千卷。我明中秘书不可胜计，即《永乐大典》（明代永乐年间编撰的大型类书，著名的百科全书）一书，亦堆积数库焉。余书直（只不过）九牛一毛（渺小轻微，不值一提）耳，何足数哉！

卷三

【导读】

第三卷，有《丝社》《南镇祈梦》《禊泉》《兰雪茶》《白洋湖》《阳和泉》《闵老子茶》《龙喷池》《朱文懿家桂》《逍遥楼》《天镜园》《包涵所》《斗鸡社》《栖霞》《湖心亭看雪》《陈章侯》等十六篇。

许多篇什写到当年作者与一干朋友的癖好，让我们窥见晚明的社会面貌和文人生活。《南镇祈梦》《天镜园》《朱文懿家桂》《栖霞》《湖心亭看雪》《白洋湖》《龙喷池》等篇写游览胜景奇境，欣赏山水花草，透过作者在名胜地留下的檄、疏之类文字，还可得见作者心志，欣赏他的文采。《包涵所》《逍遥楼》《陈章侯》几篇更多表现人情人性，包涵所船楼的华丽繁复技巧让人叹为观止，也让我们领略了晚明有钱人的任性。《逍遥楼》一篇，虽写求神乩仙之事，却尽显世俗人生的各种情态。《陈章侯》则细描作者老友，著名画家陈洪绶沾醉趣态。

作者兴趣广泛，《斗鸡社》《丝社》就写他与友人结社斗鸡、学琴之事，越中琴客们抚琴情形，还可以与第二卷《绍兴琴派》同观。最值得称道的是作者对泉水和茶的特殊癖好和辨水品茶的"特异功能"。《禊泉》

《兰雪茶》《阳和泉》《闵老子茶》几篇，生动描绘了作者开辟禊泉，创制"兰雪茶"，与茶道高手闵汶水品茶辨水的情形，茶艺精绝，成为千古奇谭。

描写的特色，这里举两例来说。一是《白洋湖》观潮，作者写景有点有面有序，纹丝不乱，开合有度。开篇欲扬先抑，说三江"无潮看"，而后听闻"看潮"呼声急急赶去。接着写潮水，先是潮头一线，再用"稍近""渐近""再近"写潮水涌来的变化层次，从"隐隐露白，如驱千百群小鹅，擘翼惊飞"到"冰花蹴起，如百万雪狮蔽江而下，怒雷鞭之"，再到"怒雷鞭之，万首镞镞，飓风逼之，势欲拍岸而上"，最后"尽力一礴，水击射，溅起数丈"，"轰怒非常，炮碎龙湫，半空雪舞"。间杂写观潮人，即便"走避塘下"，还是"著面皆湿"。

其二是《湖心亭看雪》，这是选入中学教材的名篇。全篇不到200字，却景美人绝，是一幅简约的山水画，一首朦胧的梦幻诗。开篇交代大雪三日，人鸟俱绝，更定夜深，已是冷寂至极，来一句"独往湖心亭看雪"，一个"独"字，使冷寂之气愈加浓重，也埋下伏笔。接着写舟中看雪所见，先给天地山水铺上一层底色，"上下一白"，在这铺天盖地的白色之中，描上"长堤一痕""湖心亭一点""余舟一芥""舟中人两三粒"，清绝至极。下文写来到亭上，情形突变，亭中两人对坐，酒正烧，炉正沸，红红的炉火，给一片雪白冰冷带来了热量，增添了色彩。紧接着，又有人声响起，"湖中焉得更有此人"！惊喜之神色、"拉余"之动作，更添热度。孤独之中遇知音，何等的幸运！可作者并不言说，只让金陵客喜之，叹之，饮之，其实就衬出了自己的欣喜。最后，来一个张岱式的结尾："及下船，舟子喃喃曰：'莫说相公痴，更有痴似相公者。'"又是闲笔点染，一个"痴"字，与前文之"独"呼应，可见，"独"是孤独也是独特，是刻意为之的独处，"独"者，"痴"也！张岱一向以为，西湖之美，在于秋冬、月夕、雨时，这一片空灵晶映之气，让我们洞见张岱的审美取向和人品气质。

丝 社

越中琴客不满五六人，经年（经过一年）不事操缦（操弄琴弦），琴安得佳？余结丝社，月必三会之。有小檄曰："中郎（袁宏道，字中郎）音癖，《清溪弄》三载乃成；贺令神交，《广陵散》千年不绝。器由神以合道，人易学而难精。幸生岩壑（山峦溪谷）之乡，共志丝桐（古琴。古人削桐为琴，练丝为弦，因称琴为丝桐）之雅。清泉磐石，援琴歌《水仙》之操，便足怡情；涧响松风，三者皆自然之声，正须类聚。偕我同志，爰立琴盟，约有常期，宁虚芳日。杂丝和竹，用以鼓吹清音；动操鸣弦，自令众山皆响。非关匣里，不在指头（这两句指把琴放在匣子里，不动手操弄），东坡老（苏轼，字东坡）方是解人；但识琴中，无劳弦上，元亮辈（像陶渊明这样的人。此处"元亮"应指陶渊明，陶渊明字元亮，他逢饮酒聚会，每每用一张无弦的琴操弄一番）正堪佳侣。既调商角（音乐。我国古代五声音阶称为五音，为宫商角徵羽，此处以"商角"代指音乐），翻信肉不如丝（反而相信美妙的歌声不如乐器演奏悦耳动听。坊间有"丝不如竹，竹不如肉"之说，这里反其意用之，翻，相反）；谐畅风神，雅羡心生于手。从容秘玩，莫令解秽于花奴（此处用唐玄宗典故，唐玄宗不喜欢琴，听琴未完，就呵斥操琴者退出，说："速召花奴将羯鼓来，为我解秽。"玄宗时汝南王李琎善击羯鼓，小名花奴；解秽，除去秽气）；抑按（按压，抚琴的动作）盘桓（操弄玩味），敢谓倦生于古乐。共怜同调之友声，用振丝坛之盛举。"

南镇祈梦

万历壬子（万历四十年），余年十六，祈梦于南镇梦神（绍兴会稽山古称南镇，山中有南镇殿。当地习俗，除夕之夜至殿内夜宿，梦中所占吉凶十分灵验）之前，因作疏（祈祷之文）曰："爰（yuán，发语词）自混沌谱中，别开天地；华胥（古代传说中的国家，在弇州之西，台州之北，后泛指梦境）国里，早

见春秋。梦两楹（两楹是房屋正厅当中的两根柱子，两楹之间是房屋正中所在。《礼记》记载孔子梦见自己坐在两楹之间馈食，自知不久人世，后以此表示人即将亡故的梦），梦赤舄（古代天子诸侯穿的鞋子，代指做官），至人（超凡脱俗或道德高尚之人）不无；梦蕉鹿（《列子》记载，有个砍柴人遇到一只惊慌的鹿，把它打死了又怕被人看见，就把鹿藏起来，盖上薪柴，不久却把藏鹿的地点忘了，以为自己做了个梦，后以“蕉鹿”指梦幻），梦轩冕（古时大夫以上官员的车乘和冕服，借指官位爵禄），痴人敢说。惟其无想无因（原由），未尝梦乘车入鼠穴，捣齑啖铁杵（坐着车进入鼠穴，捣齑粉却把铁杵吃了，比喻不合情理的事情）；非其先知先觉，何以将得位梦棺器（棺材），得财梦秽矢（屎）。正在恍惚之交，俨若神明之赐。某（我）也躨跜（踞伏的样子）偃潴（洼地池沼），轩翥（展翅高飞）樊笼（关鸟兽的笼子，比喻受束缚不自由的境地），顾影自怜，将谁以告？为人所玩，吾何以堪！一鸣惊人，赤壁鹤（神话传说中乘鹤升仙典故）耶？局促辕下，南柯蚁（用“南柯一梦”典故）耶？得时则驾，渭水熊（姜尚道号飞熊，周文王梦见虎生双翼飞入梦里，解梦虎生双翼叫“飞熊”，需去寻访贤士。于是在渭水河碰了姜尚，请他入朝，即姜太公）耶？半榻蘧除（用苇或竹编成的粗席），漆园蝶（用“庄周梦蝶”典故，庄子也称“漆园吏”）耶？神其诏我，或寝或吪；我得先知，何从何去。择此一阳之始，以祈六梦之正。功名志急，欲搔首而问天；祈祷心坚，故举头以抢地（以头撞地）。轩辕氏（黄帝）圆梦鼎湖，已知一字而有一验；李卫公（李靖，世称李卫公）上书西岳，可云三问而三不灵（李靖曾祭拜西岳大王殿，祭拜文书中有“若三问不对，亦和神之有灵”句。民间传说，李靖问神，卜己君相，三问三不灵，遂击破神像而去）。肃此以闻，惟神垂鉴。”

禊泉

惠山泉（江苏无锡惠山泉，号称天下第二泉）不渡钱塘，西兴（固陵，在今杭州滨江区）脚子挑水过江，喃喃作怪事。有缙绅先生（做官的人）造（拜访）大父，饮茗大佳，问曰：“何地水？”大父曰：“惠泉水。”缙绅先生顾其价(仆从)曰:"我家逼近卫前,而不知打水吃,切记之。"董日铸(董懋策,明代文人)先生常曰:"浓、热、满三字尽茶理,陆羽《经》(陆羽被尊为茶圣,著有《茶经》)可烧也。"两先生之言,足见绍兴人之村(粗鄙朴实)之朴。

余不能饮潟卤(咸卤。潟,xì),又无力递惠山水。甲寅(万历四十二年)夏,过斑竹庵(在绍兴),取水啜之,磷磷(清澈明净)有圭角(特点),异之。走看其色,如秋月霜空,噀天(向空中喷洒。噀,xùn)为白;又如轻岚出岫,缭松迷石,淡淡欲散。余仓卒见井口有字划,用帚刷之,"禊泉"字出,书法大似右军(王羲之),益异之。试茶,茶香发。新汲少有石腥,宿三日,气方尽。辨禊泉者无他法,取水入口,第挢(翘起)舌舐腭,过颊即空,若无水可咽者,是为禊泉。好事者信之,汲日至,或取以酿酒,或开禊泉茶馆,或瓮(装入罐瓮)而卖,及馈送有司(官吏)。董方伯守越,饮其水,甘之,恐不给,封锁禊泉,禊泉名日益重。会稽陶溪、萧山北干、杭州虎跑,皆非其伍,惠山差堪伯仲(不相上下)。在蠡城,惠泉亦劳(不新鲜)而微热,此方鲜磊(新鲜出众),亦胜一筹矣。长年(长工)卤莽,水递不至其地,易他水(用其他的水替换),余笞(责打)之,詈(斥骂)同伴,谓发其私。及余辨是某地某井水,方信服。昔人水辨淄、渑,侈(夸大)为异事。诸水到口,实实易辨,何待易牙(春秋时齐桓公的宠臣,擅长烹调,传说曾将自己的儿子做成美味献给齐桓公)?余友赵介臣亦不余信(对我不相信),同事久,别余去,曰:"家下(自己家中)水实(实在)进口不得,须还我口去。"

兰雪茶

日铸(日铸山,在浙江绍兴,以产茶闻名)者,越王(越王勾践)铸剑地也。茶味棱棱(清朗),有金石之气。欧阳永叔(宋代文学家欧阳修)曰:"两浙之茶,日铸第一。"王龟龄(南宋文人王十朋)曰:"龙山瑞草,日铸雪芽。"日铸名起此。京师茶客,有茶则至,意不在雪芽也。而雪芽利之,一如京茶式,不敢独异。三峨叔知松萝(安徽歙县松萝山出产的名茶)焙法,取瑞草试之,香扑冽。余曰:"瑞草固佳,汉武帝食露盘(承露盘。汉武帝迷信神仙,于建章宫筑神明台,立铜仙人舒掌捧铜盘承接甘露,冀饮以延年),无补多欲;日铸茶数(指茶叶),'牛虽瘠,偾于豚上'(《左传》中语,原意为瘦弱的牛倒在小猪身上,小猪必定被压死)也。"遂募歙(安徽歙县)人入日铸。

扚(dí,按压)法、掐法、挪法、撒法、扇法、炒法、焙法、藏法(以上为各种制茶之法),一如松萝。他泉瀹之(用别的泉水煮茶),香气不出,煮襟泉,投以小罐,则香太浓郁。杂入茉莉,再三较量(称量斟酌),用敞口瓷瓯淡放之,候其冷;以旋滚汤冲泻之,色如竹箨(笋壳)方解,绿粉初匀;又如山窗初曙,透纸黎光。取清妃白,倾向素瓷(以青配白,将青色的茶倒入白瓷杯中),真如百茎素兰同雪涛并泻也。

雪芽得其色矣,未得其气,余戏呼之"兰雪"。四五年后,"兰雪茶"一哄如市焉。越之好事者不食松萝,止(只)食兰雪。兰雪则食,以松萝而纂(此处疑为"篡",假冒)兰雪者亦食,盖松萝贬声价俯就兰雪,从俗也。乃近日徽歙间松萝亦名兰雪,向以松萝名者,封面系换,则又奇矣。

白洋湖

故事(惯例),三江(三江口,在钱塘江上游,为钱塘江、富春江、浦阳江交汇处,在浙江绍兴安昌镇白洋村,于今之三江口位置不同)看潮,实无潮看。午后喧传曰:"今年暗涨潮。"岁岁如之。戊寅(崇祯十一年)八月,吊(吊唁)朱恒岳少师(朱燮元,官至兵部尚书,崇祯年间加衔少师),至白洋,陈章侯(明代著名画家陈洪绶)、祁世培同席。海塘上呼看潮,余遄(快速)往,章侯、世培踵(跟随)至。立塘上,见潮头一线,从海宁(南临杭州湾,观潮胜地)而来,直奔塘上。稍近,则隐隐露白,如驱千百群小鹅,擘(张开)翼惊飞。渐近,喷沫,冰花蹴起,如百万雪狮蔽江而下,怒雷鞭之,万首镞镞(簇拥),无敢后先。再近,则飓风逼之,势欲拍岸而上。看者辟易

（退避），走避塘下。潮到塘，尽力一礴，水击射，溅起数丈，著面皆湿。旋卷而右，龟山一挡，轰怒非常，炮碎龙湫，半空雪舞。看之惊眩，坐半日，颜（脸色）始定。先辈言：浙江潮头自龛、赭两山（在今浙江萧山）漱激而起。白洋在两山外，潮头更大，何耶？

阳和泉

禊泉出城中，水递者（打水的人）日至。臧获（奴婢）到庵借炊，索薪、索菜、索米，后索酒、索肉；无酒肉，辄挥老拳。僧苦之。无计脱此苦，乃罪（归罪、殃及）泉，投之刍秽（干草）。不已，乃决沟水败（毁坏）泉，泉大坏。张子（作者自称）知之，至禊井，命长年浚（疏浚）之。及半，见竹管积其下，皆鯹胀（竹管被水浸泡后发黑腐烂）作气；竹尽，见刍秽，又作奇臭。张子淘洗数次，俟（sì，等待）泉至（泉水涌出），泉实不坏，又甘冽。张子去（离开），僧又坏之。不旋踵（掉转脚跟，形容时间极短），至再（两次）、至三，卒（最终）不能救，禊泉竟坏矣。是时，食之而知其坏者半，食之不知其坏而仍食之者半，食之知其坏而无泉可食、不得已而仍食之者半。

壬申（崇祯五年），有称阳和岭（在绍兴城南）玉带泉者，张子试之，空灵不及禊而清冽过之。特（只是）以玉带名不雅驯（文雅不俗）。张子谓阳和岭实为余家（我家）祖墓，诞生我文恭（作者曾祖父），遗风馀烈，与山水俱长。昔孤山泉出，东坡名之"六一"（惠勤上人在杭州孤山下建了一处讲堂，并掘了一眼泉水。此时，传来欧阳修去世消息，苏东坡与惠勤上人悲伤不已，于是东坡先生作泉铭，以欧阳修的号为泉的名字，称六一泉），今此泉名之"阳和"，至当不易。

盖生岭、生泉，俱在生文恭之前，不待文恭而天固已阳和之矣，夫复何疑！土人有好事者，恐玉带失其姓，遂勒石署之。且曰："自张志'禊泉'而'禊泉'为张氏有，今邙山是其祖垄，擅（占有）之益易。立石署之，惧其夺也。"时有传其语者，阳和泉之名益著。铭曰："有山如砺，有

泉如砥；太史遗烈，落落磊磊。孤屿溢流，'六一'擅之。千年巴蜀，实繁其齿；但言眉山，自属苏氏。"

闵老子茶

周墨农（作者好友）向余道闵汶水（茶道高手）茶不置口（不用饮茶仅凭闻香就可辨别）。戊寅（崇祯十一年）九月至留都（明迁都北京后，南京称为留都），抵岸，即访闵汶水于桃叶渡（今南京秦淮河与古青溪水合流处）。日晡（申时，下午三到五点），汶水他出（去别的地方），迟（等待）其归，乃婆娑一老（一个衰弱的老人）。方叙话，遽起曰："杖忘某所。"又去。余曰："今日岂可空去？"迟之又久，汶水返，更定（掌灯以后，夜深了）矣。睒（斜眼看）余曰："客尚（还）在耶！客在奚为者（为什么）？"余曰："慕汶老久，今日不畅饮汶老茶，决不去。"

汶水喜，自起当炉。茶旋煮，速如风雨。导至一室，明窗净几，荆溪壶（宜兴紫砂壶）、成宣窑磁瓯（成化、宣德的瓷制茶具）十馀种，皆精绝。灯下视茶色，与磁瓯无别，而香气逼人，余叫绝。余问汶水曰："此茶何产？"汶水曰："阆苑（阆苑茶，产地四川，阆苑是传说中仙境之地）茶也。"余再啜之，曰："莫绐余（别骗我）！是阆苑制法，而味不似。"汶水匿笑曰："客知是何产？"余再啜之，曰："何其似罗岕（罗岕茶，产于湖州长兴，被誉为"素水兰香，大明绝唱"）甚也？"汶水吐舌曰：奇，奇！"余问："水何水？"曰："惠泉。"余又曰："莫绐余！惠泉走千里，水劳而圭角不动（特点不变），何也？"汶水曰："不复敢隐。其取惠水，必淘井，静夜候新泉至，旋汲之。山石磊磊藉（衬垫）瓮底，舟非风则勿行，故水之生磊（新鲜）。即寻常惠水，犹逊一头地，况他水耶！"又吐舌曰："奇，奇！"言未毕，汶水去。少顷，持一壶满斟余曰："客啜此。"余曰："香扑烈，味甚浑厚，此春茶耶？向瀹者（刚才煮的）的（的确）是秋采。"汶水大笑曰："予年七十，精赏鉴者，无客比（没人比得上你）。"遂定交（结为朋友）。

龙喷池

卧龙(卧龙山,在绍兴西)骧首(昂头)于耶溪(若耶溪,在绍兴境内),大池百仞出其额下。六十年内,陵谷迁徙,水道分裂。崇祯己卯(崇祯十二年),余请太守檄(向太守上书请求),捐金纠(jiū)众,畚锸(挖运泥土的工具)千人,毁屋三十馀间,开土壤二十馀亩,辟除瓦砾凫秽千有馀艘,伏道蜿蜒,偃潴澄靛(河水清澈),克还旧观(终能恢复原貌)。昔之日不通线道(狭窄的水道)者,今可肆行(随意行驶)舟楫矣。喜而铭之,铭曰:"蹴醒骊龙,如寐斯揭。不避逆鳞,扶其鲠噎(疏通水道,传说龙喉下有逆鳞,触犯逆鳞会死)。潴蓄澄泓,煦湿濡沫。夜静水寒,颔珠如月。风雷逼之,扬鬐鼓鬣。"

朱文懿家桂

桂以香山名,然覆墓木耳,北邙(北邙山,在河南洛阳,东汉魏晋时王侯公卿多葬此,后借指墓地)萧然,不堪久立。单醪河钱氏二桂,老而秃;独朱文懿公(朱赓,当时文人,官至礼部侍郎)宅后一桂,干大如斗,枝叶溟蒙(枝叶繁茂),樾荫(树荫)亩许,下可坐客三四十席。不亭、不屋、不台、不栏、不砌,弃之篱落间。花时不许人入看,而主人亦禁足勿之往,听其自开自谢已耳。樗栎(《庄子》中说的无用之才)以不材终其天年,其得力全在弃也。百岁老人多出蓬户(穷人家),子孙第(只)厌其癃瘇(手脚不灵便)耳,何足称瑞(祥瑞)!

逍遥楼

滇茶(云南茶)故不易得,亦未有老其材八十馀年者。朱文懿公逍遥楼滇茶,为陈海樵(书画家)先生手植,扶疏翁翳(枝叶繁盛披覆),老而

卷三

39

愈茂。诸文孙恐其力不胜葩（树枝撑不起过多的花朵），岁删其尊盈斛（每年删剪的花装满盆钵），然所遗落枝头，犹自燔山熠谷（形容花开繁茂绚烂）焉。文懿公，张无垢（张九成，宋代人，官至礼部侍郎）后身（转世之身）。无垢降乩（占卜问吉之法，这里指扶乩所得训词）与文懿，谈宿世因甚悉，约公某日面晤于逍遥楼。公伫立久之，有老人至，剧谈（畅谈）良久，公殊不为意。但与公言："柯亭绿竹庵梁上，有残经一卷，可了（完成）之。"寻（不久）别去，公始悟老人为无垢。次日，走绿竹庵，简（检寻）梁上，有《维摩经》一部，缮写精良，后二卷未竟，盖无垢笔也。公取而续书之，如出一手。先君言，乩仙（扶乩时请托的神灵）供余家寿芝楼，悬笔挂壁间，有事辄自动，扶下书之，有奇验。娠祈子，病祈药，赐丹，诏取某处，立应。先君祈嗣（祈求子嗣），诏取丹于某簏（竹编器皿）临川笔（临川自古出名笔）内，簏失钥闭久，先君简视之，镞自出瓠管中，有金丹一粒，先宜人（古代妇女封号，明清时五品官妻、母封宜人）吞之，即娠余（怀上我）。朱文懿公有姬滕，陈夫人狮子吼（喻妻子妒悍），公苦之。祷于仙，求化妒丹。乩书曰："难，难！丹在公枕内。"取以进夫人，夫人服之，语人曰："老头子有仙丹，不饷（给人吃）诸婢，而余是饷（吃），尚昵（亲近宠爱）余。"与公相好如初。

天镜园

天镜园浴凫堂，高槐深竹，樾（树荫）暗千层，坐对兰荡，一泓漾之，水木明瑟，鱼鸟藻荇，类若乘空。余读书其中，扑面临头，受用一绿，幽窗开卷，字俱碧鲜（清新鲜亮）。每岁春老（暮春时节），破塘笋必道此（卖破塘笋的小船必定经过这里）。轻舠飞出，牙人（生意人）择顶大笋一株掷水面，呼园中人曰："捞笋！"鼓枻（船桨）飞去。园丁划小舟拾之，形如象牙，白如雪，嫩如花藕，甜如蔗霜。煮食之，无可名言，但有（只有）惭愧。

包涵所

西湖之船有楼，实包副使涵所创为之。大小三号：头号置歌筵，储歌童；次载书画；再次偫(zhì，储藏)美人。涵老以声伎(歌妓)非侍妾比，仿石季伦、宋子京家法(晋代巨富石崇、宋代文学家宋祁，都以蓄妓风流闻名)，都令见客。常靓妆走马，媻姗勃窣(衣裙摇曳，行走缓慢。媻，pán)，穿柳过之，以为笑乐。明槛(栏杆)绮疏，曼讴(轻歌曼舞)其下，抷籥(奏乐。籥，yuè)弹筝，声如莺试(雏鹰试啼，优美婉转)。客至，则歌童演剧，队舞鼓吹，无不绝伦。

乘兴一出，住必浃旬(一旬，十天)，观者相逐，问其所止。南园在雷峰塔下，北园在飞来峰下。两地皆石薮，积牒磊砢(石头堆积重叠)，无非奇峭。但亦借作溪涧桥梁，不于山上叠山，大有文理(颇具匠心)。大厅以拱斗抬梁，偷(省去)其中间四柱，队舞狮子甚畅。北园作八卦房，园亭如规(圆形)，分作八格，形如扇面。当其狭处，横亘一床，帐前后开合，下里帐则床向外，下外帐则床向内。涵老据其中，扃(门)上开明窗，焚香倚枕，则八床面面皆出。穷奢极欲，老于西湖者二十年。金谷(石崇的豪宅)、郿坞(东汉董卓豪宅)，着一毫寒俭(寒酸)不得，索性繁华到底，亦杭州人所谓"左右是左右"(反正这样了)也。西湖大家，何所不有，西子有时亦贮金屋(用"金屋藏娇"典故)。咄咄书空(失意怀恨)，则穷措大(穷书生)耳。

斗鸡社

天启壬戌(天启二年)间好斗鸡，设斗鸡社于龙山下，仿王勃《斗鸡檄》(初唐四杰之一，因见王侯斗鸡取乐，戏为《檄周王鸡文》，得罪唐高宗李治，不得重用)，檄同社。仲叔秦一生日携古董、书画、文锦(文彩斑烂的织锦)、川扇等物与余博，余鸡屡胜之。仲叔忿懑，金其距(雄鸡脚掌后部突出部分装上金属片），介其羽（在翅膀上撒芥粉），凡足以助其腷膊敫咮（鸡叫的声音）者，无遗策。又不胜。人有言徐州舞阳侯樊哙（刘邦的卫士，西汉开国功臣，封舞阳侯）子孙，斗鸡雄天下，长颈乌喙（嘴），能于高桌上啄粟。仲叔心动，密遣使访之，又不得，益忿懑。一日，余阅稗史（野史），有言唐玄宗以酉年酉月生，好斗鸡而亡其国。余亦酉年酉月生，遂止（停止）。

栖霞

戊寅（崇祯十一年）冬，余携竹兜（有坐位而无轿厢的竹轿）一、苍头（仆人）一，游栖霞（栖霞山，在南京，南朝时山中建有栖霞精舍），三宿之。山上下左右鳞次而栉比之，岩石颇佳，尽刻佛像，与杭州飞来峰同受黥劓（古代刑罚，黥，墨刑；劓，割鼻），是大可恨事。山顶怪石巉岏（山石高耸险峻），灌木苍郁，有颠僧住之。与余谈，荒诞有奇理，惜不得穷诘之。日晡，上摄山顶观霞，非复霞理，余坐石上痴对。复走庵后，看长江帆影，老鹳河、黄天荡，条条出麓下，悄然有山河辽廓之感。一客盘礴（箕踞而坐，即张开两腿坐着）余前，熟视余，余晋（上前）与揖，问之，为萧伯玉先生（明代文人，官至吏部郎中，光禄侍卿），因坐与剧谈，庵僧设茶供。伯玉问及补陀（普陀山），余适以是年朝海归，谈之甚悉。《补陀志》方成，在箧底，出示伯玉，伯玉大喜，为余作叙（作序）。取火下山，拉与同寓宿，夜长，无不谈之，伯玉强余再留一宿。

湖心亭看雪

崇祯五年十二月，余住西湖。大雪三日，湖中人鸟声俱绝。是日更定（初更以后，晚八九点左右）矣，余拏（划）一小舟，拥毳衣（皮毛衣服）炉火，独往湖心亭（位于杭州西湖中小瀛洲北）看雪。雾凇沆砀（雾气弥漫），天与云、与山、与水，上下一白。湖上影子，惟长堤一痕，湖心亭一点，与余舟一芥(一粒芥籽,一小点),舟中人两三粒而已。

到亭上,有两人铺毡对坐,一童子烧酒,炉正沸。见余大惊喜,曰:"湖中焉得更有此人!"拉余同饮。余强饮三大白(大酒杯)而别。问其姓氏,是金陵人,客(客居)此。及下船,舟子(船夫)喃喃曰:"莫说相公痴,更有痴似相公者。"

陈章侯

崇祯己卯(崇祯十二年)八月十三,侍南华老人饮湖舫,先月早归。章侯怅怅向余曰:"如此好月,拥被卧耶?"余敕苍头携家酿斗许,呼一小划船再到断桥,章侯独饮,不觉沾醉。过玉莲亭,丁叔潜呼舟北岸,出塘栖(塘栖镇,在今杭州余杭)蜜桔相饷,畅唲(吃)之。章侯方卧船上嚣嚣(大声叫嚷)。岸上有女郎,命童子致意云:"相公船肯载我女郎至一桥否?"余许之。女郎欣然下,轻纨淡弱,婉嬺(温顺娴静。嬺,yì)可人。章侯被酒挑之曰:"女郎侠如张一妹(唐代小说《虬髯客传》中人物),能同虬髯客(唐代小说《虬髯客传》中人物)饮否?"女郎欣然就饮。移舟至一桥,漏二下(二更)矣,竟倾家酿而去。问其住处,笑而不答。章侯欲蹑之,见其过岳王坟(岳飞墓),不能追也。

卷四

【导读】

卷四包括《不系园》《秦淮河房》《兖州阅武》《牛首山打猎》《杨神庙台阁》《雪精》《严助庙》《乳酪》《二十四桥风月》《世美堂灯》《宁了》《张氏声伎》《方物》《祁止祥癖》《泰安州客店》等十五篇。

这一卷中，作者用他的生花之笔，描摹各种风物、各地风俗。自行觅食的骡子"雪精"、能出人语的异鸟"宁了"，让我们见识动物的奇异；神州各地上产方物、苏州厨子制作的天下至味，给读者带来舌尖上的快感；不系园中的声腔舞姿、秦淮河房的宴歌弦管、严助庙中的科诨曲白、杨神庙里的台阁表演，让我们领略了晚明戏剧和民间艺术表演的神韵；兖州阅武、牛首山打猎、泰安州客店、二十四桥风月，是游历见闻；张氏声伎、世美堂灯，则是家族轶事。

作者的兴趣是广泛的，他了解各类风俗，能细细道出州府阅兵的程式、乡村客店的规矩、二十四桥的风月、秦淮河房的歌宴；他熟知各地方物，自称"越中清馋"之人，南北地方各种美食，随口一一报来；他欣赏戏曲歌舞，熟悉各类艺术表演，他笔下的声腔歌舞，不论是大雅之昆曲本腔还是大俗之台阁小调，都能写得声色俱显,让读者如闻其声如见其形。

作者的生活是精致的,家中豢养奇异的骡马雀鸟,甚至声伎戏班,珍藏前代锦纱彩灯,张灯演剧,好不热闹。他甚至亲自养一头牛,取乳蒸煮,炼制乳酪,以饱口福。

作者的交友是独特的,他所言"人无癖不可与交,以其无深情也;人无疵不可与交,以其无真气也",被历代文人奉为经典。

也就因为这样,他才能够将这些物事人情描摹得如此真实生动,如同《清明上河图》一般的风俗画,从各个方面展现了晚明风情。

值得一提的是,作者是具有晚明启蒙思想的人道主义者。他游历丰富,关注社会各面,写到风月场所,并非如一般文人显现其"风雅",而是透过灯红酒绿、光怪陆离的彩幕,看到阴暗凄凉的一面,揭示妓女们的悲惨命运和他们内心的痛苦,寄寓着对她们的同情关心。比如《二十四桥风月》中这一段:

> 沉沉二漏,灯烛将烬,茶馆黑魅无人声。茶博士不好请出,惟作呵欠,而诸妓酿钱向茶博士买烛寸许,以待迟客。或发娇声,唱《劈破玉》等小词,或自相谑浪嘻笑,故作热闹,以乱时候。然笑言哑哑声中,渐带凄楚。夜分不得不去,悄然暗摸如鬼。见老鸨,受饿、受笞俱不可知矣。

不系园

甲戌(崇祯七年)十月,携楚生(朱楚生)住不系园(明末富商在西湖畔建造的一艘游船,得名于《庄子》"泛若不系之舟,虚而遨游者也",许多文人在此宴饮创作诗文)看红叶。至定香桥(现名石平桥,在西湖"花港观鱼"前),客不期而至者八人:南京曾波臣(画家),东阳赵纯卿,金坛彭天锡(擅长演剧),诸暨陈章侯、杭州杨与民、陆九、罗三,女伶陈素芝。余留饮。章侯携缣素(写字绘画用的白色丝绢)为纯卿画古佛,波臣为纯卿写照,杨

与民弹三弦子,罗三唱曲,陆九吹箫。与民复出寸许紫檀界尺,据小梧(木头支架),用北调说《金瓶梅》一剧,使人绝倒。是夜,彭天锡与罗三、与民串(表演)本腔戏(昆曲),妙绝;与楚生、素芝串调腔戏(浙江一带的戏曲剧种,也叫掉腔、新昌高腔),又复妙绝。章侯唱村落小歌,余取琴和之,牙牙如语。纯卿笑曰:"恨弟无一长,以侑(劝酒)兄辈酒。"余曰:"唐裴将军旻(唐代将领裴旻,擅长舞剑,他的剑舞与李白诗、张旭书法并称"三绝")居丧,请吴道子(唐代画家,被誉为画圣)画天宫壁度亡母(超度亡故的母亲)。道子曰:'将军为我舞剑一回,庶因猛厉以通幽冥(阴间)。'旻脱缞衣(孝服),缠结,上马驰骤,挥剑入云,高十数丈,若电光下射,执鞘承之,剑透室(剑鞘)而入,观者惊栗。道子奋袂(扬起袖子)如风,画壁立就。章侯为纯卿画佛,而纯卿舞剑,正今日事也。"纯卿跳身起,取其竹节鞭,重三十斤,作胡旋舞(唐代西北少数民族舞蹈)数缠(圈),大噱(笑)而罢。

秦淮河房

秦淮河河房(河边的房舍),便(方便)寓、便交际、便淫冶,房值甚贵,而寓之者无虚日(空闲的日子)。画船萧鼓,去去来来,周折其间。河房之外,家有露台,朱栏绮疏,竹帘纱幔。夏月浴罢,露台杂坐。两岸水楼中,茉莉风起动儿女香甚。女各团扇轻纨,缓鬓倾髻,软媚著人。年年端午,京城士女填溢,竞看灯船。好事者集小篷船百什艇,篷上挂羊角灯如联珠,船首尾相衔,有连至十馀艇者。船如烛龙火蜃(传说中蛟龙一类的动物,吐气能成海市蜃楼),屈曲连蜷,蟠委旋折,水火激射。舟中簙铖星铙,宴歌弦管,腾腾如沸。士女凭栏轰笑,声光凌乱,耳目不能自主。午夜,曲倦灯残,星星自散。钟伯敬(钟惺,竟陵派代表人物)有《秦淮河灯船赋》,备极形致。

兖州阅武

辛未（崇祯四年）三月，余至兖州（今山东兖州），见直指（朝廷直接派遣地方的官员，又称直指绣衣使者）阅武。马骑三千，步兵七千，军容甚壮。马蹄卒步，滔滔旷旷，眼与俱驰，猛掣始回。

其阵法奇在变换，旂（kuài，令旗）动而鼓，左抽右旋，疾若风雨。阵既成列，则进图直指前，立一牌曰："某阵变某阵。"连变十馀阵，奇不在整齐而在便捷。扮敌人百馀骑，数里外烟尘坌（飞扬）起。迥卒（担任警戒的士卒）五骑，小如黑子，顷刻驰至，入辕门报警。建大将旗鼓，出奇设伏。敌骑突至，一鼓成擒，俘献中军。内以姣童扮女三四十骑，荷旟被毳，绣袪（袖口）魋结（结成椎形的髻），马上走解（在马上表演技艺），颠倒横竖，借骑翻腾，柔如无骨。乐奏马上，三弦、胡拨、琥珀词、四上儿、密失、叉儿机、僸佅兜离（少数民族音乐），罔（无）不毕（全）集，在直指筵前供唱，北调淫俚，曲尽其妙。是年（这一年），参将罗某，北人，所扮者皆其歌童外宅（养于别宅而与之同居之妇），故极姣丽，恐易（换）人为之，未必能尔（这样）也。

牛首山打猎

戊寅（崇祯十一年）冬，余在留都（指南京），同族人隆平侯（隆平侯张信的后裔）与其弟勋卫、甥赵忻城（明末人赵之龙，曾封忻城伯）、贵州杨爱生（杨鼎卿）、扬州顾不盈（顾尔迈），余友吕吉士、姚简叔、姬侍（侍妾）王月生（明末南京名妓）、顾眉、董白、李十、杨能，取戎衣衣客（给客人穿），并衣姬侍。

姬侍服大红锦狐嵌箭衣、昭君套、乘款段马（行动缓慢的马），鞲青骹（皮制臂套上拴着猎鹰），绁韩卢（用绳索牵系良犬），统箭手百馀人，旗帜棍棒称是，出南门，校猎于牛首山（又称牛头山，在南京）前后，极驰骤纵送之乐。得鹿一、麂三、兔四、雉三、猫狸七。看剧于献花岩，宿于祖茔。次日午后猎归，出鹿麂以飨（宴请）士，复纵饮于隆平家。江南不晓猎较（打猎）为何事，余见之图画戏剧，今身亲为之，果称雄快。然自须勋戚（有功勋的皇族贵戚）豪右（豪门贵族）为之，寒酸不办也。

杨神庙台阁

枫桥（在浙江诸暨东北）杨神庙（今枫桥大庙戏台），九月迎台阁（一种民间文艺活动，将舞台造型缩小，在八人扛的台子上表演）。十年前迎台阁，台阁而已；自骆氏兄弟主之，一以思致文理为之。扮马上故事二三十骑，扮传奇（明清时以唱南曲为主的长篇戏曲）一本，年年换，三日亦三换之。其人与传奇中人必酷肖方用，全在未扮时，一指点为某似某，非人人绝倒者不之用。迎后，如扮胡楂者，直呼为胡楂，遂无不胡楂之（以胡楂来称呼那位演员），而此人反失其姓。人定，然后议扮法。必裂缯为之。果其人其袍铠须某色、某缎、某花样，虽匹锦数十金不惜也。一冠一履，主人全副精神在焉。诸友中有能生造刻画者，一月前礼聘至，匠意为之，唯其使。装束备，先期扮演，非百口叫绝，又不用。故一人一骑，其中思致文理，如玩古董名画，一勾一勒，不得放过焉。土人有小小灾祲（灾难），辄以小白旗一面，到庙禳（祈祷消灾）之，所积盈库。

是日以一竿穿旗三四，一人持竿三四，走神前，长可七八里，如几百万白蝴蝶，回翔盘礴在山坳树隙。四方来观者数十万人。市枫桥下，亦摊亦篷。台阁上马，上有金珠宝石堕地，拾者如有物凭焉不能去，必送还神前。其在树丛田坎间者，问神，辄示其处，不或爽（差错）。

雪　精

外祖陶兰风先生，倅（cuì，任副职）寿州（安徽寿县），得白骡，蹄跰（蹄趾）都白，日行二百里，畜署中。寿州人病噎嗝（食道癌，吞咽困难），辄取其尿疗之。凡告期，乞骡尿状（讨要骡尿的书信），常十数纸。外祖以木香沁其尿，诏百姓来取。后致仕（退休离职）归，捐馆，舅氏啬轩解骖赠余。余豢之十年许，实未尝具一日草料。日夜听其自出觅食，视其腹未尝不饱，然亦不晓其何从得饱也。天曙，必至门祇候，进厩候驱策，至午勿御，仍出觅食如故。后渐趹駣难御，见余则驯服不动，跨鞍去如箭，易人则咆哮蹄啮（踢咬），百计鞭策之不应也。一日，与风马（散养走失的马）争道城上，失足堕濠堑死，余命葬之，谥之曰"雪精"。

严助庙

陶堰（陶家堰，在绍兴东）司徒庙，汉会稽太守严助庙也。岁上元（上元节，每年农历正月十五）设供，任事者聚族谋之终岁。凡山物（虎、豹、麋鹿、獾猪之类）粗粗，海物（江豚、海马、鲟黄、鲨鱼之类）噩噩（肥腴），陆物痴痴（肥硕）（猪必三百斤，羊必二百斤，一日一换。鸡、鹅、凫、鸭之属，不极肥不上贡），水物唅唅（yǎn，鲜活）（凡虾、鱼、蟹、蚌之类，无不鲜活），羽物毨毨（xiǎn，羽毛丰满鲜明）（孔雀、白鹇、锦鸡、白鹦鹉之属，即生供之），毛物毧毧（róng，毛发细密）（白鹿、白兔、活貂鼠之属，亦生供之），洎（至于）非地（闽鲜荔枝、圆眼、北苹婆果、沙果、文官果之类）、非天（桃、梅、李、杏、杨梅、枇杷、樱桃之属，收藏如新撷）、非制（熊掌、猩唇、豹胎之属）、非性（酒醉、蜜饯之类）、非理（云南蜜唧、峨眉雪蛆之类）、非想（天花龙蜓、雕镂瓜枣、捻塑米面之类）之物，无不集。庭实之盛，自帝王宗庙社稷坛墠（坛场，祭祀之所）所不能比隆（同等兴盛）者。

十三日，以大船二十艘载盘轳（演戏用的道具器物），以童崽扮故事（让小孩演戏），无甚文理，以多为胜。城中及村落人，水逐陆奔，随路兜截转折，谓之"看灯头"。五夜，夜在庙演剧，梨园必倩（请）越中上三班，或雇自武林者，缠头（歌舞艺人表演完毕，客人赠送的罗锦）日数万钱。唱《伯喈》、《荆钗》，一老者坐台下对院本（戏曲脚本），一字脱落，群起噪之，又开场重做。越中有"全伯喈（jiē）"、"全荆钗"之名起此。天启三

年,余兄弟携南院王岑、老串杨四、徐孟雅、圆社河南张大来辈往观之。到庙蹴鞠,张大来以"一丁泥""一串珠"名世。球着足,浑身旋滚,一似粘蛋(粘着滞留)有胶、提掇有线、穿插有孔者,人人叫绝。剧至半,王岑扮李三娘,杨四扮火工窦老,徐孟雅扮洪一嫂,马小卿十二岁,扮咬脐,串《磨房》《撇池》《送子》《出猎》四出(以上人物及出目,均出自《刘知远白兔记》)。科诨曲白(各种表演方式手段,科,表情动作;诨,逗趣言语;曲,演唱词曲;白,对话念白),妙入筋髓,又复叫绝。遂解维(解开缆索开船)归。戏场气夺,锣不得响,灯不得亮。

乳　酪

乳酪自驵侩(商人)为之,气味已失,再无佳理。余自豢一牛,夜取乳置盆盎,比晓(到天亮),乳花簇起尺许,用铜铛(锅)煮之,瀹(浸渍)兰雪汁(兰雪茶汁),乳斤和汁四瓯,百沸之。玉液珠胶,雪腴霜腻,吹气胜兰,沁入肺腑,自是天供。或用鹤觞花露(美酒)入甑(蒸锅)蒸之,以热妙;或用豆粉搀和,漉之成腐,以冷妙;或煎酥,或作皮,或缚饼,或酒凝,或盐腌,或醋捉,无不佳妙。而苏州过小拙(人名)和以蔗浆霜,熬之、滤之、钻之、掇之、印之,为带骨鲍螺(鲍酪,即乳酪),天下称至味(最美味的)。其制法秘甚,锁密房,以纸封固,虽父子不轻传之。

二十四桥风月

广陵(扬州)二十四桥风月,邗沟(吴王夫差开凿的沟通长江淮河的航道,现为京杭运河的一部分)尚存其意。渡钞关(水上税务机关,在挹江门,妓院集中之地),横亘半里许,为巷者九条。巷故九,凡周旋折旋于巷之左右前后者,什百之。巷口狭而肠曲,寸寸节节,有精房密户,名妓、歪妓杂处之。名妓匿不见人,非向导莫得入。歪妓多可五六百人,每日傍晚,膏沐熏烧,出巷口,倚徙盘礴于茶馆、酒肆之前,谓之"站关"。茶馆、酒肆，岸上纱灯百盏，诸妓掩映闪灭于其间，疤鼋（皮肤粗糙有疤痕。鼋，门）者帘，雄趾（大脚）者阈（门槛）。灯前月下，人无正色，所谓"一白能遮百丑"者，粉之力也。游子过客，往来如梭，摩睛相觑，有当意者，逼前（走近前去）牵之去，而是妓忽出身分，肃客先行，自缓步尾之。至巷口，有侦伺者，向巷门呼曰："某姐有客了！"内应声如雷。火燎（火把）即出，一一俱去，剩者不过二三十人。

沉沉二漏（二更），灯烛将烬，茶馆黑魆无人声。茶博士（卖茶人或茶坊伙计）不好请出，惟作呵欠，而诸妓醵钱（凑钱）向茶博士买烛寸许，以待迟客。或发娇声，唱《劈破玉》等小词，或自相谑浪嘻笑，故作热闹，以乱时候。然笑言哑哑声中，渐带凄楚。夜分不得不去，悄然暗摸如鬼。见老鸨、受饿、受笞俱不可知矣。余族弟卓如，美须髯，有情痴，善笑，到钞关必狎妓，向余噱（谈笑）曰："弟今日之乐，不减王公。"余曰："何谓也？"曰："王公大人侍妾数百，到晚耽耽（眼巴巴）望幸，当御者不过一人。弟过钞关，美人数百人，目挑心招，视我如潘安，弟颐指气使，任意拣择，亦必得一当意者呼而侍我。王公大人岂过（超过）我哉！"复大噱（大笑），余亦大噱。

世美堂灯

儿时跨苍头（奴仆）颈，犹及见王新建灯（王守仁，封新建伯，是王阳明死后遗留的灯）。灯皆贵重华美，珠灯料丝无论，即羊角灯亦描金细画，缨络罩之。悬灯百盏，尚须秉烛而行，大是闷人。余见《水浒传》"灯景诗"有云："楼台上下火照火，车马往来人看人。"已尽灯理。余谓灯不在多，总求一亮。余每放灯，必用如椽大烛，专令数人剪卸烬煤，故光迸重垣，无微不见。十年前，里人有李某者，为闽中二尹（县丞或府同知的别称），抚台（巡抚）委其造灯，选雕佛匠，穷工极巧，造灯十架，凡（总共）两年。灯成而抚台已物故（去世），携归藏椟中。又十年许，知余好灯，举以相赠，余酬之五十金，十不当一，是为主灯。遂以烧珠、料丝、羊角、剔纱诸灯辅之。而友人有夏耳金者，剪彩为花，巧夺天工，罩以冰纱，有烟笼芍药之致。更（另外）用粗铁线界划规矩，匠意出样，剔纱为蜀锦氎（mán，外层），其界地鲜艳出人。耳金岁供镇神，必造灯一盏，灯后，余每以善价购之。余一小傒（小厮）善收藏，虽纸灯亦十年不得坏，故灯日富（一天天增多）。又从南京得赵士元夹纱屏及灯带数副，皆属鬼工（鬼斧神工），决非人力。灯宵，出其所有，便称胜事。鼓吹弦索，厮养臧获，皆能为之。

有苍头善制盆花，夏间以羊毛炼泥墩，高二尺许，筑"地涌金莲"，声同雷炮，花盖亩馀。不用煞拍（打击乐器中的拍板）鼓铙，清吹唢呐应之，望花缓急为唢呐缓急，望花高下为唢呐高下。灯不演剧，则灯意不酣；然无队舞鼓吹，则灯焰不发。余敕小傒串元剧四五十本。演元剧四出，则队舞一回，鼓吹一回，弦索一回。其间浓淡、繁简、松实之妙，全在主人位置。使易人易地为之，自不能尔尔。故越中夸灯事之盛，必曰"世美堂（张家的堂号）灯"。

宁　了

大父母喜豢珍禽：舞鹤三对、白鹇（白雉）一对，孔雀二对，吐绶鸡（火鸡）一只，白鹦鹉、鸲哥、绿鹦鹉十数架。一异鸟名"宁了"，身小如鸽，黑翎如八哥，能作人语，绝不含糊。大母呼媵婢，辄应声曰："某丫头，太太叫！"有客至，叫曰："太太，客来了，看茶！"有一新娘子善睡，黎明辄呼曰："新娘子，天明了，起来吧！ 太太叫，快起来！"不起，辄骂曰："新娘子，臭淫妇，浪蹄子！"新娘子恨甚，置毒药杀之。"宁了"疑即"秦吉了"（鹩），蜀叙州出，能人言。一日夷人买去，惊死，其灵异酷似之。

张氏声伎

谢太傅（谢安）不畜声伎，曰："畏解，故不畜。"王右军（王羲之）曰：

"老年赖丝竹陶写(陶冶性情，消愁解闷)，恒(常常)恐儿辈觉。"曰"解"，曰"觉"，古人用字深确。盖声音之道入人最微，一解则自不能已，一觉则自不能禁也(王羲之典故，出于《世说新语》，有多种解释。此处意思是指自己的忧愁烦闷不想影响儿辈)。我家声伎，前世无之，自大父于万历年间与范长白、邹愚公、黄贞父、包涵所诸先生讲究此道，遂破天荒为之。有"可餐班"，以张彩、王可餐、何闰、张福寿名；次则"武陵班"，以何韵士、傅吉甫、夏清之名；再次则"梯仙班"，以高眉生、李岕生、马蓝生名；再次则"吴郡班"，以王畹生、夏汝开、杨啸生名；再次则"苏小小班"，以马小卿、潘小妃名；再次则平子"茂苑班"，以李含香、顾岕竹、应楚烟、杨骅骃名。

主人解事日精一日，而侲童技艺亦愈出愈奇。余历年半百，小侲自小而老、老而复小、小而复老者，凡五易之。无论"可餐"、"武陵"诸人，如三代法物，不可复见；"梯仙"、"吴郡"间有存者，皆为佝偻老人；而"苏小小班"亦强半(超过半数)化为异物(去世)矣；"茂苑班"则吾弟先去，而诸人再易其主。余则婆娑(衰微)一老，以碧眼波斯，尚能别其妍丑(美丑)。山中人至海上归，种种海错(海味)，皆在其眼，请共舐之。

方　物

越中清馋(清雅而嘴馋)，无过余者，喜啖方物(土特产)。北京则苹婆果(苹果)、黄鼠、马牙松；山东则羊肚菜(羊肚菌)、秋白梨、文官果(文冠果)、甜子；福建则福桔、福桔饼、牛皮糖、红腐乳；江西则青根、丰城脯；山西则天花菜(花椰菜)；苏州则带骨鲍螺(一种乳酪)、山查丁、山查糕、松子糖、白圆、橄榄脯；嘉兴则马交鱼脯、陶庄黄雀；南京则套樱桃、桃门枣、地栗团、窝笋团、山查糖；杭州则西瓜、鸡豆子(鸡头米，即芡实)、花下藕、韭芽、玄笋、塘栖(在杭州北)蜜桔；萧山则杨梅、莼菜、鸠鸟、青鲫、方柿；诸暨则香狸、樱桃、虎栗；嵊则蕨粉(蕨根加工成的淀粉)、细榧(香榧)、龙游糖；临海则枕头瓜；台州则瓦楞蚶、江瑶柱(贝类动物)；浦江

则火肉（火腿肉）；东阳则南枣；山阴则破塘笋、谢桔、独山菱、河蟹、三江屯蛏（蛏子）、白蛤、江鱼、鲥鱼、里河鰦（白鲦鱼）。远则岁致之，近则月致之、日致之。耽耽逐逐（贪婪追逐），日为口腹谋，罪孽固重。但由今思之，四方兵燹（战火），寸寸割裂，钱塘衣带水，犹不敢轻渡，则向（从前）之传食四方，不可不谓之福德也。

祁止祥癖

人无癖不可与交，以其无深情也；人无疵不可与交，以其无真气也。余友祁止祥有书画癖，有蹴鞠癖，有鼓钹（响器，打击乐器）癖，有鬼戏癖，有梨园癖。

壬午（崇祯十五年）至南都，止祥出阿宝（所蓄娈童）示余，余谓："此西方迦陵鸟（迦陵频伽鸟，产于印度，音声清婉动听），何处得来？"阿宝妖冶如蕊女（仙女），而娇痴无赖，故作涩勒（一种有刺的竹子，这里指难以接近），不肯着人。如食橄榄，咽涩无味，而韵在回甘；如吃烟酒，鲠诘（哽噎）无奈，而软同沾醉（大醉）。初如可厌，而过即思之。止祥精音律，咬钉嚼铁（字正腔圆），一字百磨，口口亲授，阿宝辈皆能曲通主意。

乙酉（顺治二年），南都失守，止祥奔归，遇土贼，刀剑加颈，性命可倾，至宝是宝（把阿宝视为至宝）。丙戌，以监军驻台州，乱民卤掠（掳掠抢夺），止祥囊箧都尽，阿宝沿途唱曲，以膳主人。及归，刚半月，又挟之远去。止祥去妻子如脱屣（鞋子）耳，独以娈童（被当作女性玩弄的美男）崽子（小孩）为性命，其癖如此。

泰安州客店

客店至泰安州（山东泰安），不复敢以客店目之。余进香泰山，未至店里许（一里左右），见驴马槽房二三十间；再近，有戏子寓二十馀处；再近，则密户曲房（密室），皆妓女妖冶其中。余谓是一州之事，不知其为一店之事也。投店者，先至一厅事，上簿挂号，人纳店例银三钱八分，又人纳税山银一钱八分。店房三等：下客夜素，早亦素，午在山上用素酒果核劳之，谓之"接顶"。夜至店，设席贺，谓烧香后求官得官，求子得子，求利得利，故曰贺也。贺亦三等：上者专席，糖饼、五果、十肴、果核、演戏；次者二人一席，亦糖饼，亦肴核，亦演戏；下者三四人一席，亦糖饼，肴核，不演戏，用弹唱。计其店中，演戏者二十馀处，弹唱者不胜计。庖厨炊爨（烧火做饭）亦二十馀所，奔走服役者一二百人。下山后，荤酒狎妓惟所欲，此皆一日事也。若上山落山，客日日至，而新旧客房不相袭，荤素庖厨不相混，迎送厮役不相兼，是则不可测识之矣。泰安一州与此店比（等同）者五六所，又更奇。

卷五

【导读】

卷五有《范长白》《于园》《诸工》《姚简叔画》《炉峰月》《湘湖》《柳敬亭说书》《樊江陈氏桔》《治沅堂》《虎丘中秋夜》《麋公》《扬州清明》《金山竞渡》《刘晖吉女戏》《朱楚生》《扬州瘦马》等十六篇。

如同前几卷一般，作者写园亭花草，写工匠技艺，写民间文艺，透过社会风情、各色人等，我们可以感受到晚明时期城市生活的样态面貌，也可以从字里行间窥探作者的心灵世界。比如《诸工》，一般都会看到作者罗列了一长串工匠姓名及他们的技艺成就，感叹作者对这些工匠及工艺何其熟知，其实，这150字的短章通篇就是在说人之贵贱。且看：

> 竹与漆与铜与窑，贱工也。嘉兴之腊竹，王二之漆竹，苏州姜华雨之梅篆竹，嘉兴洪漆之漆，张铜之铜，徽州吴明官之窑，皆以竹与漆与铜与窑名家起家，而其人且与缙绅先生列坐抗礼焉。则天下何物不足以贵人，特人自贱之耳。

开篇说从事此类行当的是"贱工"，然后列举一系列工艺名家，证明这些人都"与缙绅先生列坐抗礼"，于是议论："天下何物不足以贵人，特人自贱之耳。"这样的观念在出身官宦之家的作者，是何其可贵！再看《扬州瘦马》，全篇如实叙述，细致描绘，没有主观的言说，但却真实反映了扬州地区盛行的贩卖贫家妇女的鄙风恶俗，栩栩如生地勾画了从事这项人肉生意的牙婆驵侩的丑恶嘴脸，作者将他们比作附膻逐臭的苍蝇，透露了他的感情倾向。

此卷中有两个名篇，一是《虎丘中秋夜》。开篇，作者平实写来，将各色人等一一交代，又点出游人所占具体地点，接着用两个比喻"雁落平沙，霞铺江上"来形容，画龙点睛，写出虎丘到处是游人，颇具动感和美感。然后，以时间转换为序，从"天暝月上"写到"更定""更深"，再到"二鼓""三鼓"；写虎丘曲会的盛况，从"百十处"的"鼓吹"写到鼓歇而"丝竹肉声"，再到众人散去，士夫"征歌""献技"，洞箫"与肉相引"，最后是"一夫登场"的绝妙演出。其中，热闹与冷寂、大众欢乐与阳春白雪，形成对比，相得益彰。而事物情状，用精简笔墨勾勒，又句句落实。转承起伏之间，显出缜密深细和精美。请看最后一节文字，先交代表演者人数、动作："一夫登场，高坐石上，不箫不拍"，具体而实在；再用"声出如丝，裂石穿云，串度抑扬，一字一刻"形容表演水平，非常专业；而后再从听众角度侧面来写，"听者寻入针芥，心血为枯，不敢击节，惟有点头"，实在是绝妙至极。最后，赞叹苏州有知音，才有此阳春白雪之艺术："此时雁比而坐者，犹存百十人焉"，"使非苏州，焉讨识者！"想必此次中秋听曲给作者留下深刻印象，多年后他在《念奴娇》中写道："想起当年，虎丘胜会，真足销魂魄，生公台上，几声冰裂危石。"其中除了虎丘曲会的强烈震撼之外，又添了经历时代巨变、人生坎坷之后的苦涩滋味。

《柳敬亭说书》是写人的名篇，我们看他如何写来。人物相貌，简笔勾勒，"满面疤瘰"，"土木形骸"。而后从几方面写其"善说书"：第一写"行情"身价，说明他极受欢迎；接着写《武松打虎》的表演，先说其"描写刻画"特点，再举"武松到店沽酒"为例，突出"微入毫发"，功夫了得；第三步，写其对听众的要求，台下若不"屏息静坐，倾耳听之"而有

人耳语，或"欠伸有倦色"，他便"不言"，凸显其强烈的自尊；最后再描绘一幅"丙夜""款款言之"的画面。作者极为赞赏柳敬亭，声言"摘世上说书之耳而使之谛听，不怕其不齰舌死也"，评价极高，就像作者赞柳敬亭的诗里写的"先生满腹是文情，刻画雕镂夺造化"，"眼前活现太史公，口内龙门如水泻"。结尾收束，再强调"貌奇丑"而声名高。这一篇，又用对比，先勾勒其奇丑，但奇就奇在丑，以丑扬美。这一卷中还有一篇写人的《范长白》也是同样笔法，以丑衬美，丑成了美的陪衬。

范长白

范长白（范允临，范仲淹十七代孙）园在天平山（在苏州西）下，万石都焉。龙性难驯，石皆笏起，旁为范文正（范仲淹）墓。园外有长堤，桃柳曲桥，蟠屈湖面，桥尽抵园，园门故作低小，进门则长廊复壁，直达山麓。其绘楼幔阁、秘室曲房，故故（故意）匿之，不使人见也。山之左为桃源，峭壁回湍，桃花片片流出。右孤山，种梅千树。渡涧为小兰亭，茂林修竹，曲水流觞，件件有之。竹大如椽，明静娟洁，打磨滑泽如扇骨，是则兰亭（绍兴兰亭）所无也。地必古迹，名必古人，此是主人学问。但桃则溪之，梅则屿之，竹则林之，尽可自名其家，不必寄人篱下也。余至，主人出见。主人与大父同籍（同榜进士），以奇丑著。是日释褐（进士及第授官），大父翩（戏弄）之曰："丑不冠带，范年兄亦冠带了也（"丑不冠带"为占卜用语，即丑日不能戴帽子。这里是借指主人貌丑。"冠带"是指进阶授官）。"人传以笑。余亟欲一见。及出，状貌果奇，似羊肚石雕一小猱，其鼻垩（白色），颧颐（颧骨和下巴，指面部）犹残缺失次（错乱失常）也。冠履精洁（精致洁净），若谐谑谈笑，面目中不应有此。开山堂小饮，绮疏藻幕，备极华褥，秘阁清讴，丝竹摇飏，忽出层垣，知为女乐。饮罢，又移席小兰亭。比晚辞去，主人曰："宽坐（留坐的敬辞），请看'少焉'。"余不解，主人曰：吾乡有缙绅先生（士大夫），喜调文袋（掉书袋），

58

以《赤壁赋》有'少焉月出于东山之上'句,遂字月为'少焉'。顷言'少焉'者,月也。"固留看月,晚景果妙。主人曰:"四方客来,都不及见小园雪,山石峥崚(幽深),银涛蹴起,掀翻五泄(浙江诸暨著名的瀑布),捣碎龙湫(浙江雁荡山的瀑布),世上伟观,惜不令宗子(作者张岱字宗子)见也。"步月而出,至元墓,宿葆生叔(张联芳,张岱二叔)书画舫中。

于 园

于园在瓜州(今镇江)步五里铺,富人于五所园也。非显者(名声显著有地位的人)刺(名帖),则门钥不得出。葆生叔同知瓜州,携余往,主人处处款之。园中无他奇,奇在碟(垒筑堆砌)石。前堂石坡高二丈,上植果子松(红松)数棵,缘坡植牡月、芍药,人不得上,以实奇。后厅临大池,池中奇峰绝壑,陡上陡下,人走池底,仰视莲花,反在天上,以空奇。卧房槛外,一壑旋下如螺蛳缠,以幽阴深邃奇。再后一水阁,长如艇子(小船),跨小河,四围灌木蒙丛(茂盛),禽鸟啾唧,如深山茂林,坐其中,颓然(柔顺)碧窈(碧绿幽远)。瓜州诸园亭,俱以假山显,胎于石,娠于碟石之手,男女于琢磨搜剔之主人,至于园可无憾矣。仪真(今扬州仪征)汪园,辇(运土石)石费至四五万,其所最加意者,为"飞来"一峰,阴翳泥泞,供人唾骂。余见其弃地下一白石,高一丈、阔二丈而痴,痴妙;一黑石,阔八尺、高丈五而瘦,瘦妙。得此二石足矣,省下二三万收其子母,以世守此二石何如?

诸 工

竹与漆与铜与窑,贱工也。嘉兴之腊竹,王二之漆竹,苏州姜华雨(晚明的著名巧匠)之梅策竹(又称梅鹿竹,有斑点,常用来制扇),嘉兴洪漆之漆,张铜之铜,徽州吴明官之窑,皆以竹与漆与铜与窑名家起家,而其人且与缙绅先生列坐抗礼(并排而坐,行对等之礼)焉。则天下何物不足以贵人(使人高贵)，特(只不过)人自贱之耳。

姚简叔画

姚简叔(姚允在，工诗善画)画千古，人亦千古。戊寅(崇祯十一年)，简叔客魏为上宾。余寓桃叶渡，往来者闵汶水、曾波臣一二人而已。简叔无半面交，访余，一见如平生欢，遂榻余寓。与余料理米盐之事，不使余知。有空，则拉余饮淮上馆，潦倒而归。京中诸勋戚(皇族贵戚)、大老(资深望重者)、朋侪(朋辈)、缁衲(僧侣)、高人、名妓与简叔交(交往)者，必使交余，无或遗(遗漏)者。与余同起居者十日，有苍头至，方知其有妾在寓也。简叔塞渊(笃厚诚实，见识深远)，不露聪明，为人落落难合(孤高难与人合)，孤意一往，使人不可亲疏。与余交，不知何缘，反而求之不得也。

访友报恩寺，出册叶(分页装潢成册的书画)百方，宋元名笔。简叔眼光透入重纸，据梧(靠着梧几)精思(精心思考)，面无人色。及归，为余仿苏汉臣(宋代画家，擅长画佛像人物，尤擅画童婴)一图：小儿方据澡盆浴，一脚入水，一脚退缩欲出；宫人蹲盆侧，一手掖儿，一手为儿擤鼻涕；旁坐宫娥，一儿浴起伏其膝，为结绣裙(衣襟)。一图，宫娥盛装端立，有所俟，双鬟尾之；一侍儿捧盘，盘列二瓯，意色向客；一宫娥持其盘，为整茶锹(茶匙)，详视端谨(小心谨慎)。复视原本，一笔不失(差错)。

炉峰月

炉峰(香炉峰，绍兴会稽山最高峰)绝顶，复岫回峦(山峦起伏曲折)，斗耸相乱(高耸错落)，千丈岩陬牙横梧(犬牙交错)，两石不相接者丈许，俯身下视，足震慑不得前。王文成少年曾跻(跳跃)而过，人服其胆。余叔尔蕴(作者七叔张尔蕴)以毡裹体，縆而下(系在绳子上放下去)，余挟二樵子(樵夫)，从壑底掖(wǎ，用手攀登)而上，可谓痴绝。

丁卯四月，余读书天瓦庵，午后同二三友人绝顶，看落照(夕阳的馀晖)。一友曰："少需之(稍等一会儿)，俟(等)月出去(离开)。胜期难再得，纵遇虎，亦命也。且虎亦有道，夜则下山觅豚犬食耳，渠(它)上山亦看月耶？"语亦有理。四人踞坐金简石上。

是日，月正望(正值十五月圆日)，日没月出，山中草木都发光怪，悄然生恐。月白路明，相与策杖而下。行未数武(步)，半山嘂呼(呼喊声)，乃余苍头同山僧七八人，持火燎、勒刀(靴刀)、木棍，疑余辈遇虎失路，缘(沿着)山叫喊耳。余接声应，奔而上，扶掖下之。次日，山背有人言："昨晚更定，有火燎数十把，大盗百馀人，过张公岭，不知出何地？"吾辈匿笑不之语。谢灵运开山临瀣(海湾)，从者数百人，太守王琇惊骇(惊骇)，谓是山贼，及知为灵运，乃安。吾辈是夜不以山贼缚献太守，亦幸矣。

湘 湖

西湖，田也而湖之，成湖焉；湘湖(杭州钱塘江南，萧山西南)，亦田也而湖之，不成湖焉。湖西湖者，坡公也，有意于湖而湖之者也；湖湘湖者，任长者也，不愿湖而湖之者也。任长者有湘湖田数百顷，称巨富。有术者相其一夜而贫，不信。县官请湖湘湖，灌萧山田，诏湖之，而长者之田一夜失，遂赤贫如术者言。今虽湖，尚田也，不下插板，不筑堰，则水立涸；是以湖中水道，非熟于湖者不能行咫尺。游湖者坚欲去，必寻湖中小船与湖中识水道之人，溯十阏(阻塞)三，鲠咽不之畅焉。湖里外锁以桥，里湖愈佳。盖西湖止一湖心亭为眼中黑子，湘湖皆小阜、小墩、小山乱插水面，四围山趾，棱棱砺砺，濡足入水，尤为奇峭。

余谓西湖如名妓，人人得而媟亵(轻薄猥亵)之；鉴湖如闺秀，可钦而不可狎(亲昵)；湘湖如处子(处女)，视娗(tǐng，女子身长而美)羞涩，犹及见其未嫁时也。此是定评，确不可易(确定而不可改变)。

柳敬亭说书

　　南京柳麻子（柳逢春，号敬亭，善说评书），黧黑，满面疤瘤（疤痕疙瘩），悠悠忽忽（悠闲恬淡），土木形骸（形体像土木一般自然而不加修饰），善说书。一日说书一回，定价一两。十日前先送书帕（请柬定金）下定（约定时间），常不得空。南京一时有两行情人（走红的人）：王月生、柳麻子是也。余听其说《景阳冈武松打虎》白文，与本传（小说原文）大异。其描写刻画，微入毫发，然又找截干净（直截利落），并不唠叨。勃夬（声音洪亮）声如巨钟，说至筋节（关键）处，叱咤叫喊，汹汹崩屋。武松到店沽酒，店内无人，謈（pó，大喊声）地一吼，店中空缸空甓皆瓮瓮有声。闲中着色，细微至此。主人必屏息静坐，倾耳听之，彼方掉舌（开讲谈说）。稍见下人咕哔（窃窃私语）耳语，听者欠伸有倦色，辄不言，故不得强。每至丙夜（三更半夜），拭桌剪灯，素瓷（白色瓷器，应为茶杯）静递，款款言之，其疾徐轻重，吞吐抑扬，入情入理，入筋入骨，摘世上说书之耳而使之谛听，不怕其不齰舌（咬舌头表示不说话。齰，zé）死也。柳麻子貌奇丑，然其口角波俏（伶俐），眼目流利，衣服恬静，直（简直）与王月生同其婉娈（美好），故其行情正等（声名相当）。

樊江陈氏橘

　　樊江（绍兴皋埠镇）陈氏，辟地为果园，枸菊围之。自麦为蒟酱（蒌叶制成的调味酱），自秫（粘性的粟米）酿酒，酒香冽，色如淡金蜜珀，酒人称之。自果自蓏（瓜类），以螯乳（蜂蜜）醴之为冥果（青果蜜饯）。树谢橘百株，青不撷（采摘），酸不撷，不树上红不撷，不霜不撷，不连蒂剪不撷。故其所撷，橘皮宽而绽，色黄而深，瓤坚而脆，筋解而脱，味甜而鲜。第四门、陶堰、道墟以至塘栖，皆无其比。余岁必亲至其园买橘，宁迟、宁贵、宁少。购得之，用黄砂缸，藉以金城稻草或燥松毛收之。阅十日，草有润气，又更换之。可藏至三月尽，甘脆如新撷者。枸菊城主人橘百树，岁获绢百匹，不愧木奴（柑橘树，指不用供给衣食却能有出产的奴仆，语出《水经注》）。

治沅堂

占有拆字法。宣和（宋徽宗年号）间，成都谢石（北宋时以测字闻名者）拆字，言祸福如响（应验）。钦宗（宋钦宗）闻之，书一"朝"字，令中贵人（显贵的侍从宦官）持试之。石见字，端视（仔细端详）中贵人曰："此非观察（对官员的尊称）书也。"中贵人愕然。石曰："'朝'字离之为'十月十日'，乃此月此日所生之天人，得非（莫非是）上位（君主）耶？"一国骇异。吾越谢文正（明代名人谢迁，余姚人，官至兵部尚书、东阁大学士）厅事名"保锡堂"，后易之他姓，主人至，亟去其匾，人问之，曰："分明写'呆人易金堂'。"朱石门（绍兴人朱敬循，官至右通政使）为文选署（遴选文官的官署）中额"典剧"二字，继之者顾诸吏曰："尔知朱公意乎？此二字离合言之，曰：'曲处曲处，八刀八刀'耳。"歙许相国孙志吉为大理评事（负责刑狱的官），受魏珰（宦官魏忠贤）指，案卖黄山，势张甚，当道媚之，送一匾曰"大卜于门"。里人夜至，增减其笔划凡三：一曰"天下未闻"；一倒读之曰"阉手下犬"；一曰"太平拿问"。后直指（朝廷特派）提问，械至太平，果如其言。凡此数者皆有义味。而吾乡缙绅有名"治沅堂"者，人不解其义，问之，笑不答，力究之，缙绅曰："无他意，亦止取'三台三元'之义云耳！"闻者喷饭（忍不住而发笑）。

虎丘中秋夜

虎丘八月半，土著流寓（流落他乡居住者）、士夫眷属、女乐声伎、曲中名妓戏婆、民间少妇好女、崽子娈童及游冶恶少、清客帮闲、傒僮（奴仆）走空（行骗之人）之辈，无不鳞集（聚集）。自生公台、千人石（两处虎丘

名胜，生公讲经，众石点头之处）、鹤涧、剑池（虎丘名胜，相传为吴王阖闾墓）、申文定（申时行，嘉靖年间状元，官至内阁首辅）祠，下至试剑石、一二山门，皆铺毡席地坐，登高望之，如雁落平沙，霞铺江上。天暝月上（天色趋暗，月亮升空），鼓吹百十处，大吹大擂，十番铙钹（十番锣鼓），渔阳掺挝（鼓曲名称），动地翻天，雷轰鼎沸，呼叫不闻。更定，鼓铙渐歇，丝管繁兴，杂以歌唱，皆"锦帆开，澄湖万顷"（传奇剧《浣纱记》第十四出《打围》中《普天乐》的首句）同场大曲，蹲踏和锣，丝竹肉声（弦乐、管乐和歌唱之声）不辨拍煞（套曲中段和结尾，这里泛指节拍）。更深（夜深），人渐散去，士夫眷属皆下船水嬉，席席征歌，人人献技，南北杂之，管弦迭奏，听者方辨句字，藻鉴（品评鉴别）随之。二鼓（二更）人静，悉屏管弦，洞箫一缕，哀涩清绵，与肉相引（人声歌咏），尚存三四，迭更为之。三鼓（三更），月孤气肃，人皆寂阒（寂静），不杂蚊虻。一夫登场，高坐石上，不箫不拍，声出如丝，裂石穿云，串度抑扬，一字一刻。听者寻入针芥（细微之处），心血为枯（心跳停止），不敢击节，惟有点头。然此时雁比（像雁阵一般并排）而坐者，犹存百十人焉。使（假如）非苏州，焉讨识者（哪里能找到这些知音）！

麋 公

万历甲辰（万历三十二年），有老医驯一大角麋，以铁钳其趾，设鞿鲛韅（guì jiāo xiǎn，鲛鱼皮制带花纹的马肚带）其上，用笼头衔勒，骑而走，角上挂葫芦药瓮，随所病出药，服之辄愈。家大人（家中长辈）见之喜，欲售其麋，老人欣然，肯解以赠（解囊赠送），大人以三十金售之。五月朔日，为大父（祖父）寿，大父伟硕，跨之走数百步，辄立而喘，常命小傒笼之，从游山泽。次年，至云间（上海松江），解赠陈眉公（陈继儒，明代文人，善书画文学）。眉公羸瘦，行可连二三里，大喜。后携至西湖六桥、三竺间，竹冠羽衣，往来于长堤深柳之下，见者啧啧，称为"谪仙"。后眉公复号"麋公"者，以此。

扬州清明

扬州清明日，城中男女毕出，家家展墓(扫墓)。虽家有数墓，日必展之。故轻车骏马，箫鼓画船，转折再三，不辞往复。监门小户亦携肴核纸钱，走至墓所、祭毕，则席地饮胙(吃祭祀过的食物)。自钞关南门、古渡桥、天宁寺、平山堂一带，靓妆藻野(漂亮的衣服到处都是)，祛服缛川(黑色的礼服遍及河川)。随有货郎，路旁摆设古董古玩并小儿器具。博徒持小杌(小凳子)坐空地，左右铺袒衫(内衣。袒，rì)半臂，纱裙汗帨(shuì，佩巾)，铜炉锡注，瓷瓯漆奁，及肩龡(猪腿肉)鲜鱼、秋梨福桔之属，呼朋引类，以钱掷地，谓之"跌成"；或六或八或十，谓之"六成""八成""十成"焉。百十其处，人环观之。是日，四方流离及徽商西贾(商人)、曲中名妓，一切好事之徒，无不咸(全都)集。长塘丰草，走马放鹰；高阜平冈，斗鸡蹴踘；茂林清樾，劈阮弹筝。浪子相扑，童稚纸鸢(放风筝)，老僧因果(讲说因缘果报)，瞽者(盲人)说书，立者林林，蹲者蛰蛰(众多)。日暮霞生，车马纷沓。宦门淑秀，车幕尽开，婢媵倦归，山花斜插，臻臻簇簇，夺门而入。余所见者，惟西湖春、秦淮夏、虎丘秋，差足比拟(勉强可以比拟)。然彼皆团簇一块，如画家横披；此独鱼贯雁比，舒长且三十里焉，则画家之手卷矣。南宋张择端作《清明上河图》，追摹汴京景物，有西方美人之思，而余目眈眈(张目直视)，能无梦想？

金山竞渡

看西湖竞渡十二三次，己巳(崇祯二年)竞渡于秦淮，辛未(崇祯四年)竞渡于无锡，壬午(崇祯十五年)竞渡于瓜州，于金山寺。西湖竞渡，以看竞渡之人胜，无锡亦如之。秦淮有灯船无龙船，龙船无瓜州比，而看龙船亦无金山寺比。瓜州龙船一二十只，刻画龙头尾，取其怒；旁坐二十人持大楫，取其悍；中用彩篷，前后旌幢绣伞，取其绚；撞钲(类似钟的打击乐器)挝鼓,取其节;艄后列军器一架,取其锷(剑刃,这里指兵器锋利);龙头上一人足倒竖,战颠㟴(diān duō,形容倒挂的样子)其上,取其危;龙尾挂一小儿,取其险。自五月初一至十五,日日画地而出。五日出金山,镇江亦出。惊湍跳沫,群龙格斗,偶堕洄涡,则百蛣捷捽(许多蛟龙蜂拥聚集。蛣,jié),蟠委(环绕)出之。金山上人团簇,隔江望之,蚁附蜂屯,蠢蠢欲动。晚则万艓(小船)齐开,两岸沓沓然(纷多聚积)而沸。

刘晖吉女戏

女戏以妖冶(艳丽)恕,以啴缓(舒缓)恕,以态度(举止神情)恕,故女戏者全乎其为恕也。若刘晖吉(天启年间人,曾任大理寺丞)则异是。刘晖吉奇情幻想,欲补从来梨园之缺陷。如《唐明皇游月宫》,叶法善作,场上一时黑魆地暗,手起剑落,霹雳一声,黑幔忽收,露出一月,其圆如规,四下以羊角染五色云气,中坐常仪(嫦娥),桂树吴刚,白兔捣药。轻纱幔之,内燃"赛月明"数株,光焰青黎,色如初曙,撒布成梁,遂蹑月窟,境界神奇,忘其为戏也。其他如舞灯,十数人手携一灯,忽隐忽现,怪幻百出,匪夷所思,令唐明皇见之,亦必目睁口开,谓氍毹(毛毯,这里指舞台)场中那得如许光怪耶! 彭天锡向余道:"女戏至刘晖吉,何必男子! 何必彭大!"天锡,曲中南、董(两位古代直笔之臣,这里的意思是能对戏曲作出如实评价),绝少许可,而独心折晖吉家姬,其所鉴赏,定不草草。

朱楚生

朱楚生,女戏耳,调腔(又称掉腔,明末流行于浙江杭州绍兴一带的一种戏曲声腔)戏耳。其科白(动作对白)之妙,有本腔不能得十分之一者。盖四明(浙江宁波)姚益城先生精音律,尝与楚生辈讲究关节(关键之处),妙入情理,如《江天暮雪》《霄光剑》《画中人》等戏,虽(即使)昆山老教师细细摹拟，断不能加其毫末也。班中脚色，足以鼓吹楚生者方留之，故班次愈妙。楚生色不甚美，虽绝世佳人，无其风韵。楚楚谡谡（风度清雅高迈），其孤意在眉，其深情在睫，其解意在烟视媚行。性命于戏，下全力为之。曲白有误，稍为订正之，虽后数月，其误处必改削如所语。

楚生多坐驰（身体不动内心不平静），一往深情，摇飏无主（心神不定）。一日，同余在定香桥，日晡烟生，林木窅冥（幽暗），楚生低头不语，泣如雨下，余问之，作饰语（掩饰之语）以对。劳心忡忡，终以情死。

扬州瘦马

扬州人日饮食于瘦马（经过训练卖给达官贵人为妾的年轻女子）之身者数十百人。娶妾者切勿露意，稍透消息，牙婆（媒婆）、驵侩（牲畜买卖的中间人，这里也指媒婆。驵，zǎng），咸集其门，如蝇附膻（羊腥），撩扑不去。黎明，即促之出门，媒人先到者先挟之去，其馀尾其后，接踵伺之。至瘦马家，坐定，进茶，牙婆扶瘦马出，曰："姑娘拜客。"下拜。曰："姑娘往上走。"走。曰："姑娘转身。"转身向明立，面出。曰："姑娘借手睄睄（shào，扫一眼）。"尽褫（解下）其袂，手出、臂出、肤亦出。曰："姑娘睄相公。"转眼偷觑，眼出。曰："姑娘几岁？"曰几岁，声出。曰："姑娘再走走。"以手拉其裙，趾出。然看趾有法，凡出门裙幅先响者，必大；高系其裙，人未出而趾先出者，必小。曰："姑娘请回。"一人进，一人又出。看一家必五六人，咸如之。看中者，用金簪或钗一股插其鬓，曰"插带"。看不中，出钱数百文，赏牙婆或赏其家侍婢，又去看。牙婆倦，又有数牙婆踵伺之。一日、二日至四五日，不倦亦不尽，然看至五六十人，白面红衫，千篇一律，如学字者，一字写至百至千，连此字亦不认得矣。心与目谋，毫无把柄，不得不聊且迁就，定其一人。

"插带"后，本家出一红单，上写彩缎若干，金花若干，财礼若干，布匹若干，用笔蘸墨，送客点阅。客批财礼及缎匹如其意，则肃客归。归

未抵寓,而鼓乐、盘担、红绿、羊酒在其门久矣。不一刻而礼币、糕果俱齐,鼓乐导之去。去未半里,而花轿、花灯、擎燎、火把、山人、傧相、纸烛、供果牲醴之属,门前环侍。厨子挑一担至,则蔬果、肴馔、汤点、花棚、糖饼、桌围、坐褥、酒壶、杯箸、龙虎寿星、撒帐牵红、小唱弦索之类,又毕备矣。不待复命,亦不待主人命,而花轿及亲送小轿一齐往迎,鼓乐灯燎,新人轿与亲送轿一时俱到矣。新人拜堂,亲送上席,小唱鼓吹,喧阗热闹。日未午而讨赏遽去(迅速离去),急往他家,又复如是。

卷六

【导读】

卷六有《彭天锡串戏》《目莲戏》《甘文台炉》《绍兴灯景》《韵山》《天童寺僧》《水浒牌》《烟雨楼》《朱氏收藏》《仲叔古董》《噱社》《鲁府松棚》《一尺雪》《菊海》《曹山》《齐景公墓花樽》等十六篇。

《鲁府松棚》《一尺雪》《菊海》等篇,写花草树木,《绍兴灯景》《烟雨楼》则表现各地风俗人情。《目莲戏》《韵山》《水浒牌》《朱氏收藏》《仲叔古董》《噱社》《曹山》《齐景公墓花樽》诸篇,反映了当时文人生活的方方面面。有人苦撰文,有人笑谐噱,有人擅收藏,有人懂演戏,有人善作画,各奇各色。作者祖父手不释卷,读书到夜半,为写《韵山》,辛苦耕耘;漏仲容谐语中吐出至理格言;作者叔父巧做收藏,引得淮抚大恚怒。这些,都给人留下深刻印象,可谓文人百态。而《目莲戏》中,大演武戏,引来太守惊愕,衙官侦问,以为"海寇卒至"的情形,让人莞尔。《水浒牌》表现陈洪绶历经四月,完成画作,留下千古名作《水浒叶子》的故事也令人动容。

《彭天锡串戏》是颇受后人关注的作品,首先是从此篇人们看到了张岱对演员等下层人物的尊重,同

时,看到他对戏剧的精通。我想,还应该关注作者艺术表现的独特。写彭天锡演技的高超,作者说"千古之奸雄佞幸,经天锡之心肝而愈狠,借天锡之面目而愈刁,出天锡之口角而愈险。设身处地,恐纣之恶不如是之也。皱眉视眼,实实腹中有剑,笑里有刀,鬼气杀机,阴森可畏"。读来仿佛一个个"奸雄佞幸"如在眼前。接着他分析彭天锡如何能演得如此精妙:"盖天锡一肚皮书史,一肚皮山川,一肚皮机械,一肚皮磊砢不平之气,无地发泄,特于是发泄之耳。"高度赞美其有深厚的知识积累、学养见识,更点出他有满腔"磊砢不平之气",才有如此发挥。也就是有对"奸雄佞幸"的仇恨,有自身际遇的经验,这是艺术家精妙表演的情感积淀。这样的评价,可谓深刻,一语中的,因而被后人广为引用,作为"万物生于怒","愤怒出诗人"的佐证。再看文章最后,从观剧者角度写:"余尝见一出好戏,恨不得法锦包裹,传之不朽;尝比之天上一夜好月,与得火候一杯好茶,只供一刻受用,其实珍惜之不尽也。"连用三比,而且用的都是"好月""好茶"这些作者平日最喜爱的事物,表现对如此高妙表演的赞叹。这还不够,再用东晋桓子野典故:"见山水佳处,辄呼'奈何!奈何'!"强调彭天锡的表演实在是好,有口而难以言说。这样的赞叹,真可谓高了,怪不得作者称赞彭天锡是"曲中南、董"。

彭天锡串戏

彭天锡(明末业余戏曲演员,擅演净、丑戏)串戏(演戏)妙天下,然出出皆有传头,未尝一字杜撰。曾以一出戏,延(邀请)其人至家,费数十金者,家业十万,缘手(随手)而尽。三春多在西湖,曾五至绍兴,到余家串戏五六十场,而穷其技不尽。天锡多扮丑、净(戏曲行当丑角和花脸),千古之奸雄佞幸,经天锡之心肝而愈狠,借天锡之面目而愈刁,出天锡之口角而愈险。设身处地,恐纣之恶不如是之也。皱眉视眼,实实腹中有剑，笑里有刀，鬼气杀机，阴森可畏。盖天锡一肚皮书史，一肚皮山川，一肚皮机械（技巧），一肚皮磊砢（郁结心中的不平之气）不平之气，无地发泄，特于是发泄之耳。余尝见一出好戏，恨不得法锦（西南少数民族的织锦，常用来包裹宝玩）包裹，传之不朽；尝比之天上一夜好月，与得火候一杯好茶，只供一刻受用，其实珍惜之不尽也。桓子野（东晋军事家音乐家）见山水佳处，辄呼"奈何（怎么办）！奈何"！真有无可奈何者，口说不出。

目莲戏

余蕴叔（作者的叔叔）演武场搭一大台，选徽州旌阳戏子（旌阳艺人多参加徽州班演出，故有"徽州旌阳戏子"之说），剽轻（强壮灵活）精悍、能相扑跌打者三四十人，搬演目莲（释迦牟尼十大弟子之一，传说其母死后坠入饿鬼道，目莲以神力得脱母亲苦难。目莲戏即以此为题材，有广泛的民间影响），凡三日三夜。四围女台百什座，戏子献技台上，如度索舞絙（粗绳）、翻桌翻梯、觔斗蜻蜓、蹬坛蹬臼、跳索跳圈、窜火窜剑之类，大非情理。凡天神地祇、牛头马面、鬼母丧门、夜叉罗刹（恶鬼名）、锯磨鼎镬、刀山寒冰、剑树森罗、铁城血澥，一似吴道子《地狱变相》，为之费纸札者万钱，人心惴惴，灯下面皆鬼色。戏中套数，如《招五方恶鬼》《刘氏逃棚》等剧，万馀人齐声呐喊。熊太守（当时的绍兴知府）谓是海寇卒至，惊起，差衙官侦问，余叔自往复之，乃安。台成，叔走笔书二对。一曰："果证幽明（阴间与阳间、死与生），看善善恶恶，随形答响，到底来那个能逃？道通昼夜，任生生死死，换姓移名，下场去此人还在。"一曰："装神扮鬼，愚蠢的心下惊慌，怕当真也是如此。成佛作祖，聪明人眼底忽略，临了时还待怎生？"真是以戏说法。

甘文台炉

香炉贵适用,尤贵耐火。三代青绿,见火即败坏,哥、汝窑亦如之。便用便火,莫如宣炉。然近日宣铜一炉价百四五十金,焉能办之?北铸如施银匠亦佳,但粗夯可厌。苏州甘回子文台,其拨蜡范沙(一种铸造方法,在雕刻的蜡膜之外用泥作范,将熔化的金属注入泥范成形),深心有法,而烧铜色等分两,与宣铜款致分毫无二,俱可乱真;然其与人不同者,尤在铜料。甘文台以回回教门不崇佛法,乌斯藏(明代时对西藏的称呼)渗(混合渗杂)金佛,见即锤碎之,不介意,故其铜质不特与宣铜等,而有时实胜之。甘文台自言佛像遭劫已七百尊有奇(有馀)矣。余曰:"使回回国别有地狱,则可。"

绍兴灯景

绍兴灯景为海内所夸者无他,竹贱、灯贱、烛贱。贱,故家家可为之;贱,故家家以不能灯为耻。故自庄逵(大路)以至穷檐(茅舍破屋)曲巷,无不灯、无不棚者。棚以二竿竹搭过桥,中横一竹,挂雪灯(用雪制作的灯)一、灯球(一种圆形的灯)六。大街以百计,小巷以十计。从巷口回视巷内,复迭堆垛,鲜妍飘洒,亦足动人。十字街搭木棚,挂大灯一,俗曰"呆灯",画《四书》《千家诗》故事,或写灯谜,环立猜射之。庵堂寺观以木架作柱灯及门额,写"庆赏元宵""与民同乐"等字。佛前红纸荷花琉璃百盏,以佛图灯带间之,熊熊煜煜。庙门前高台鼓吹,五夜市廛(商肆集中之处),如横街、轩亭、会稽县、西桥,闾里相约,故盛其灯,更于其地斗狮子灯,鼓吹弹唱,施放烟火,挤挤杂杂。小街曲巷有空地,则跳大头和尚,锣鼓声错,处处有人团簇看之。城中妇女多相率步行,往闹处看灯;否则,大家小户杂坐门前,吃瓜子、糖豆,看往来士女,午夜方散。乡村夫妇多在白日进城,乔乔画画,东穿西走,曰"钻灯棚",

曰"走灯桥",天晴无日无之。万历间,父叔辈于龙山放灯,称盛事,而年来有效之者。次年,朱相国(朱赓)家放灯塔山(在浙江绍兴,又称怪山、飞来山等)。再次年,放灯蕺山(王家山,在浙江绍兴)。蕺山以小户效颦,用竹棚,多挂纸魁星灯。有轻薄子作口号嘲之曰:"蕺山灯景实堪夸,葫篆(细竹)竿头挂夜叉。若问搭彩是何物,手巾脚布神袍纱。"由今思之,亦是不恶。

卷六
（注：此为页边标注"卷六"）

韵 山

大父(作者祖父张汝霖)至老,手不释卷,斋头亦喜书画、瓶几布设。不数日,翻阅搜讨,尘堆砚表,卷帙正倒参差。常从尘砚中磨墨一方,头眼入于纸笔,潦草作书生家蝇头细字。日晡向晦(下午至傍晚),则携卷出帘外,就天光爇(燃)烛,檠(灯架)高光不到纸,辄倚几携书就灯,与光俱颏(看),每至夜分,不以为疲。常恨《韵府群玉》《五车韵瑞》(两部均为古代韵书)寒俭可笑,意欲广之。乃博采群书,用淮南"大小山"义,摘其事曰《大山》,摘其语曰《小山》,事语已详本韵而偶寄他韵下曰《他山》,脍炙人口者曰《残山》,总名之曰《韵山》。小字襞积(重叠堆积,密密麻麻。襞,bì),烟煤残楮(纸),厚如砖块者三百馀本。一韵积至十馀本,《韵府》《五车》不啻千倍之矣。正欲成帙(成书),胡仪部青莲携其尊人所出中秘书,名《永乐大典》者,与《韵山》正相类,大帙三十馀本,一韵中之一字犹不尽焉。大父见而太息曰:"书囊无尽,精卫衔石填海(《山海经》中故事),所得几何!"遂辍笔而止。以三十年之精神,使为别书,其博洽(广博)应不在王弇州(王世贞,号弇州山人)、杨升庵(杨慎,号升庵)下。今此书再加三十年,亦不能成,纵成亦力不能刻。笔冢如山,只堪覆瓿(喻著作毫无价值或不被人重视),余深惜之。丙戌兵乱,余载往九里山(在浙江绍兴),藏之藏经阁,以待后人。

天童寺僧

戊寅（崇祯十一年），同秦一生诣天童（天童寺，在浙江宁波）访金粟和尚。到山门，见万工池绿净，可鉴须眉，旁有大锅覆地，问僧，僧曰："天童山有龙藏，龙常下饮池水，故此水纤秒不入。正德（明武宗年号）间，二龙斗，寺僧五六百人撞钟鼓撼之，龙怒，扫寺成白地，锅其遗也。"入大殿，宏丽庄严。折入方丈，通名刺。老和尚见人便打，曰"棒喝"（禅师以棒打、口喝回答初学者所问，以考查其根机利钝）。余坐方丈，老和尚迟迟出，二侍者执杖、执如意先导之，南向立，曰："老和尚出。"又曰："怎么行礼？"盖官长见者皆下拜，无抗礼，余屹立不动，老和尚下行宾主礼。侍者又曰："老和尚怎么坐？"余又屹立不动，老和尚肃（引导）余坐。坐定，余曰："二生门外汉，不知佛理，亦不知佛法，望老和尚慈悲，明白开示（说明）。勿劳棒喝，勿落机锋（佛教禅宗指问答迅捷锐利、不落迹象、含意深刻的语句），只求如家常白话，老实商量，求个下落（究竟）。"老和尚首肯（同意）余言，导余随喜（游览寺院）。早晚斋方丈，敬礼特甚。余遍观寺中僧匠千五百人，俱舂者、碓（一种舂米的用具）者、磨者、甄者、汲者、爨者、锯者、劈者、菜者、饭者，狰狞急遽，大似吴道子一幅《地狱变相》。老和尚规矩严肃，常自起撞人，不止"棒喝"。

水浒牌

古貌、古服、古兜鍪（头盔）、古铠胄、古器械，章侯（著名画家陈洪绶，"水浒牌"即他四十幅版画精品《水浒叶子》，塑造了四十名梁山泊英雄的正面形象）自写其所学所问已耳。而辄呼之曰"宋江"，曰"吴用"，而"宋江""吴用"亦无不应者，以英雄忠义之气，郁郁芊芊（气盛的样子），积于笔墨间也。周孔嘉丐（请求）余促章侯，孔嘉丐之，余促之，凡四阅月（历经四个月）而成。余为作缘起曰："余友章侯，才足揽（yàn，照耀）天，笔能泣鬼，昌谷道上，婢囊呕血之诗；兰渚寺中，僧秘开花之字。兼之力开画苑，遂能目无古人，有索必酬，无求不与。既蠲郭恕先之癖（既满足画家的癖好。郭恕先，古代画家），喜周贾耘老之贫（又周济了穷朋友。贾耘老，曾得到苏东坡的周济），画《水浒》四十人，为孔嘉八口计（为周济周孔嘉一家八口的生计），遂使宋江兄弟，复睹汉官威仪。伯益考（伯邑考，周文王长子）著《山海》遗经，兽毯鸟氄（绒毛），皆拾为千古奇文；吴道子画《地狱变相》，青面獠牙，尽化作一团清气。收掌付双荷叶，能月继三石米，致二斗酒，不妨持赠；珍重如柳河东（柳宗元），必日灌蔷薇露，薰玉蕤香（传说柳宗元得到韩愈寄来的诗作，先用蔷薇露洗手，再点玉蕤香薰，然后读诗，以示珍重），方许解观。非敢阿私，愿公同好。"

烟雨楼

嘉兴人开口烟雨楼（在浙江嘉兴南湖湖心岛），天下笑之，然烟雨楼故自佳。楼襟对（面对）鸳泽湖（南湖），溶溶蒙蒙，时带雨意，长芦高柳，能与湖为浅深。湖多精舫，美人航之，载书画茶酒，与客期（相约）于烟雨楼。客至，则载之去，舣舟于烟波缥缈。态度幽闲，茗炉相对，意之所安，经旬不返。舟中有所需，则逸出宣公桥、角里街，果蓏蔬鲜，法膳琼苏（佳肴美馔。法膳，帝王的菜肴；琼苏，美酒），咄嗟（迅速）立办，旋即归航。柳湾桃坞，痴迷伫想，若遇仙缘，洒然言别，不落姓氏。间（间或）有倩女离魂（唐代小说中故事，倩娘与表兄相爱受父母阻挠，因魂魄离开躯体与表兄结为夫妻），文君新寡（卓文君、司马相如故事，卓文君丧夫后与司马相如相恋，私奔至成都），亦效颦为之（像东施效颦一样学着做）。淫靡之事，出以风韵，习俗之恶，愈出愈奇。

朱氏收藏

朱氏家藏，如龙尾觚、合卺杯（古代婚礼上用来喝交杯酒的专用杯

子），雕镂锲刻，真属鬼工，世不再见。馀如秦铜、汉玉、周鼎、商彝、哥窑、倭漆、厂盒、宣炉、法书、名画、晋帖、唐琴，所畜之多，与分宜（严嵩为江西分宜人，因称之为"分宜"）埒富（同等富裕），时人讥之。余谓博洽（广博）好古，犹是文人韵事，风雅之列，不黜曹瞒（曹操小名阿瞒），鉴赏之家，尚存秋壑（贾似道号秋壑）。诗文书画未尝不抬举古人，恒恐子孙效尤，以袖攫石、攫金银以赚田宅，豪夺巧取，未免有累盛德。闻昔年朱氏子孙有欲卖尽"坐朝问道"四号田者，余外祖兰风先生谑之曰："你只管坐朝问道（贤明的君主身坐朝堂探讨治国之道），怎不管垂拱平章（大臣垂衣拱手共商国是）？"一时传为佳话。

仲叔古董

葆生叔（作者叔父）少从渭阳（代称舅父）游，遂精赏鉴。得白定炉、哥窑瓶、官窑酒匜（盥洗器具），项墨林（鉴赏收藏名家）以五百金售之，辞曰："留以殉葬。"癸卯（万历三十一年），道淮上，有铁梨木天然几（一种厅堂迎面常用的陈设家具），长丈六、阔三尺，滑泽坚润，非常理。淮抚李三才百五十金不能得，仲叔以二百金得之，解维遽去（解缆开船离去）。淮抚大恚怒（愤怒），差兵蹑之（追踪），不及而返。庚戌，得石璞三十斤，取日下水涤之，石罅中光射如鹦哥祖母（祖母绿），知是水碧（紫水晶），仲叔大喜。募玉工仿朱氏龙尾觥一，合卺杯一，享价三千，其馀片屑寸皮，皆成异宝。仲叔赢资巨万，收藏日富。戊辰（崇祯元年）后，倅（充任州郡的副职官员）姑熟（安徽当涂），倅姑苏（江苏苏州），寻（不久）令（任职）盟津（河南孟津渡）。河南为铜薮（聚集之处），所得铜器盈数车，美人觚一种，大小十五六枚，青绿彻骨，如翡翠，如鬼眼青，有不可正视之者，归之燕客，一日失之。或是龙藏（潜藏）收去。

嚛社

仲叔善诙谐,在京师与漏仲容、沈虎臣(万历年间文人)、韩求仲(万历庚戌年状元)辈结"嚛社",喥喋(shà dié,小声说话)数言,必绝缨喷饭(崩断帽缨、口中米饭喷出,都是指忍俊不禁笑出声来)。漏仲容为帖括(科举应试文章)名士,常曰:"吾辈老年读书做文字,与少年不同。少年读书,如快刀切物,眼光逼注,皆在行墨空处,一过辄了。老年如以指头掐字,掐得一个,只是一个,掐得不着时,只是白地。少年做文字,白眼看天,一篇现成文字挂在天上,顷刻下来,刷入纸上,一刷便完。老年如恶心呕吐,以手挖入齿哰(呕吐)出之,出亦无多,总是渣秽。"此是格言,非止(不仅)谐语。一日,韩求仲与仲叔同宴一客,欲连名速(邀请)之,仲叔曰:"我长求仲,则我名应在求仲前,但缀绳头于如拳之上,则是细注在前,白文在后,那有此理?"人皆失笑。沈虎臣出语尤尖巧。仲叔候座师收一帽套,此日严寒,沈虎臣嘲之曰:"座主已收帽套去,此地空馀帽套头;帽套一去不复返,此头千载冷悠悠。"其滑稽多类此。

鲁府松棚

报国寺松,蔓引弹委(牵连盘曲下垂),已入藤理。入其下者,蹒跚局蹐(狭窄局促),气不得舒。鲁府旧邸二松,高丈五,上及檐桩(屋檐),劲竿如蛇脊,屈曲撑距,意色酗怒,鳞爪拿攫,义不受制,鬣起针针,怒张如戟。旧府呼"松棚",故松之意态情理无不棚之。便殿三楹,盘郁殆遍,暗不通天,密不通雨。鲁宪王晚年好道,尝取松肘一节,抱与同卧,久则滑泽酕醄(醉酒脸红似的颜色),似有血气。

一尺雪

一尺雪为芍药异种，余于兖州（山东兖州）见之。花瓣纯白，无须
萼，无檀心（淡红色花蕊），无星星红紫，洁如羊脂，细如鹤翮（羽茎），结楼
吐舌，粉艳雪腴。上下四旁方三尺，干小而弱，力不能支，蕊大如芙蓉，
辄缚一小架扶之。大江以南，有其名无其种，有其种无其土，盖非兖勿
易见之也。

兖州种芍药者如种麦，以邻以亩（一块连一块）。花时宴客，棚于
路、彩于门、衣于壁、障于屏、缀于帘、簪于席、茵于阶者毕用之，日费数
千勿惜。余昔在兖，友人日剪数百朵送寓所，堆垛狼藉，真无法处之。

菊　海

兖州张氏期（邀约）余看菊，去城五里。余至其园，尽其所为园者而
折旋（来来回回走一遍）之，又尽其所不尽为园者而周旋之，绝不见一菊，
异之。移时，主人导至一苍莽（无边无际的）空地，有苇厂（芦席棚）三间，
肃（引导）余入，遍观之，不敢以菊言，真菊海也。厂三面，砌坛三层，以
菊之高下高下之。花大如瓷瓯，无不球，无不甲，无不金银荷花瓣，色
鲜艳，异凡本，而翠叶层层，无一早脱者。此是天道，是土力，是人工，
缺一不可焉。

兖州缙绅（士大夫）家风气袭王府，赏菊之日，其桌，其炕，其灯，其
炉、其盘、其盒、其盆盎、其肴器、其杯盘大觥、其壶、其帏、其褥、其酒、
其面食、其衣服花样，无不菊者。夜烧烛照之，蒸蒸烘染，较日色更浮
出数层。席散，撤苇帘以受繁露（露水）。

曹　山

万历甲辰（万历三十二年），大父游曹山（在绍兴吼山），大张乐（奏乐）于狮子岩下。石梁先生（陶公望）戏作山君檄讨大父（戏作山神檄文声讨祖父），祖昭明太子（昭明太子萧统）语，谓若以管弦污我岩壑。大父作檄骂之，有曰："谁云鬼刻神镂，竟是残山剩水（人工堆砌的假山和开凿的池塘）！"石篑先生（陶望龄，石梁、石篑为兄弟）嗤石梁曰："文人也，那得犯其锋！不若自认，以'残山剩水'四字摩崖勒之。"先辈之引重（推重）如此。

曹石宕（水池）为外祖放生池，积三十馀年，放生几百千万，有见池中放光如万炬烛天，鱼虾荇藻附之而起，直达天河者。余少时从先宜人（去世的母亲）至曹山庵作佛事，以大竹箄（竹篓）贮西瓜四浸宕内。须臾，大声起岩下，水喷起十馀丈，三小舟缆断，颠翻波中，冲击几碎。舟人急起视，见大鱼如舟，口欱（hē，吞食）西瓜，掉尾（摇尾）而下。

齐景公墓花樽

霞头沈金事宦游时，有发掘齐景公（春秋时齐国国君）墓者，迹（勘察）之，得铜豆（盛放食物的器皿，类似高脚盘）三，大花樽二。豆朴素无奇。花樽高三尺，束腰拱起，口方而敞，四面戟楞，花纹兽面，粗细得款，自是三代法物。归乾刘阳太公，余见赏识之，太公取与严，一介不敢请。及宦粤西，外母归余斋头，余拂拭之，为发异光。取浸梅花，贮水，汗下如雨，逾刻（过一刻钟）始收，花谢结子，大如雀卵。余藏之两年，太公归自粤西，稽复之，余恐伤外母意，亟归之。后为驵侩（市场经纪人）所唊（利诱），竟以百金售去，可惜！今闻在歙县某氏家庙。

卷七

【导读】

　　卷七《西湖香市》《鹿苑寺方柿》《西湖七月半》《及时雨》《山艇子》《悬杪亭》《雷殿》《龙山雪》《庞公池》《品山堂鱼宕》《松花石》《闰中秋》《愚公谷》《定海水操》《阿育王寺舍利》《过剑门》《冰山记》等十七篇。

　　这一卷，我们挑出几篇来赏读。与前几卷一样，照例有多篇写风俗。《定海水操》写盛大场面，气象万千，又闲笔点染，趣闻谐语，饶有韵致。有总括的鸟瞰图，又有眉目毕具的特写，粗线条的勾勒与工笔细描结合。战船往来繁密，联络方法粗略；哨兵特写姿势，动作周详具体。《西湖香市》写西湖民俗和风情，热闹繁盛，后人以为可与宋代柳永词作《望海潮》、张择端名画《清明上河图》媲美。但特别的是，热闹之后有凄凉。最后一段写崇祯年间连年饥荒，饿殍遍地的惨状，前后对比，两相映照，胜景愈胜，惨景更惨，真可谓"西湖实录"。

　　《冰山记》是较为特别的一篇，记录了作者自创戏剧的表演过程。表演的情形写得非常生动："城隍庙扬台，观者数万人，台址鳞比，挤至大门外。一人上，白曰："某杨涟。"口口诃曰："杨涟！杨涟！"声达外，如潮涌,人人皆如之。杖范元白,逼死裕妃,怒气愈涌,嗫断嗟嗘。至颜佩韦击杀缇骑,嘄呼跳蹴,汹汹崩屋。"可以想见演出现场群情激奋的情状。而这样的情形,也反映了民众对于阉党的愤恨,对忠臣义士的崇敬。同时,真实反映了作者关注国家命运的正义之气。正如他的好友,画家陈洪绶所言:"吾友宗子,才大气刚,志远学博,不肯俯首牖下,天下有事,亦不得闲置。"是一位"天下兴亡,匹夫有责"的正义之士。

这一卷中最有名的是《西湖七月半》,既是写七月半,自然应该赏月,可文章开篇就说"一无可看",一笔就否定了题目应有之义。那么,看什么?作者说"止可看看七月半之人",于是乎,将看月之人分成五类分别陈述。先描绘达官贵人、名娃闺秀、名妓闲僧、慵懒之徒四类看月之人;再写与这些附庸风雅的世俗之辈形成鲜明对比的最后一类清雅之士。描绘生动,各色人等无不现身纸上,而作者似乎不动声色,五个"看之",字里行间不见褒贬之词,大有冷眼旁观之概。然而每一类人都有一句写其看月情状类名,或"名为看月而实不见月",或"身在月下而实不看月",或"亦在月下,亦看月,而欲人看其看月",或"月亦看,看月者亦看,不看月者亦看,而实无一看",又或"看月而人不见其看月之态,亦不作意看月者",作者态度昭然若示。

第二段写杭人游湖好虚名,凑热闹。"巳出酉归,避月如仇",竟然像怕见仇人一样躲开月亮。"以故二鼓以前,人声鼓吹,如沸如撼,如魇如呓,如聋如哑,大船小船一齐凑岸,一无所见,止见篙击篙,舟触舟,肩摩肩,面看面而已"。这几句,连用六个比喻,极写声音嘈杂,用三字句,节奏短促,表现船只拥挤。句式排比复迭,整中有散,排偶中有错综。写出杭人看月的来去匆匆,吵吵闹闹,名为游湖看月,实与西湖风月毫不相干。这一段插叙,回应开头"西湖七月半,一无可看"的论断,具体描写,缴足其意,同时又为下文作铺垫和反衬。

最后一段从第三人称突然转为"吾辈",叙述角度变了,加强了主观色彩。两个"始"字表示喧闹嘈杂结束,西湖恢复了宁静安闲,湖山美景即开始属于"吾辈"。"此时月如镜新磨,山复整妆,湖复颒面"三

句,那是一种崭新的审美感受,唯"此时"才能有。对景畅怀,与客纵饮,"浅斟低唱者"即前文所写之第三类人,还算有赏月雅兴;"匿影树下者"则为第五类清雅之士。五类人中唯此二者独留,故与之声气相通,有共同语言,拉来同坐。"韵友来,名妓至,杯箸安,竹肉发",这四个短句,写相得共赏之乐,节奏欢快,心情愉悦。于是,通宵盘桓,兴尽方散,与前文众人游湖匆匆聚散恰成对照。兴尽而散,却并不急于回城,而复纵舟,"酣睡于十里荷花之中,香气拍人,清梦甚惬"。结尾富有诗意,雅韵流溢,馀香沁人。可见西湖七月半自有迷人之处,被俗人点污则一无可看,成为雅人的世界则处处是诗。

西湖香市

　　西湖香市(即庙市、庙会),起于花朝(二月十五百花生日,花朝日),尽于端午。山东进香普陀者日至,嘉湖进香天竺者日至,至则与湖之人市焉,故曰香市。然进香之人市于三天竺(杭州天竺山和灵隐寺之间的三座寺庙,有上天竺、中天竺和下天竺),市于岳王坟,市于湖心亭,市于陆宣公祠,无不市,而独凑集(聚集)于昭庆寺(在杭州西湖畔)。昭庆寺两廊故无日不市者,三代八朝之古董,蛮夷闽貊(泛指少数民族)之珍异,皆集焉。

　　至香市,则殿中边甬道上下、池左右、山门内外,有屋则摊,无屋则厂,厂外又棚,棚外又摊,节节寸寸。凡胭脂簪珥、牙尺(象牙做的尺子)剪刀,以至经典木鱼、伢儿嬉具之类,无不集。此时春暖,桃柳明媚,鼓吹清和,岸无留船,寓无留客,肆无留酿。袁石公所谓"山色如娥,花光如颊,波纹如绫,温风如酒",已画出西湖三月。而此以香客杂来,光景又别。士女闲都,不胜其村妆野妇之乔画(浓妆艳抹);芳兰芗泽,不胜其合香(苏合香)芫荽(香菜)之薰蒸;丝竹管弦,不胜其摇鼓欲笙之聒帐(通宵宴饮,管弦齐奏的景象);鼎彝光怪,不胜其泥人竹马之行情;宋元名画,不胜其湖景佛图(浮屠佛塔)之纸贵。如逃如逐,如奔如追,撩扑不开,牵挽不住。数百十万男男女女、老老少少,日簇拥于寺之前后左右者,凡四阅月方罢。恐大江以东,断无(绝对没有)此二地矣。

崇祯庚辰(崇祯十一年)三月,昭庆寺火。是岁及辛巳、壬午洊饥(连年饥荒),民强半(超过一半)饿死。壬午虏鲠山东,香客断绝,无有至者,市遂废。辛巳夏,余在西湖,但见(只见)城中饿殍(饿死的人)舁(抬)出,扛挽相属。时杭州刘太守梦谦,汴梁人,乡里抽丰(秋风,利用各种关系和借口向别人索取财物)者多寓西湖,日以民词(百姓的诉状)馈送。有轻薄子改古诗诮之曰:"山不青山楼不楼,西湖歌舞一时休。暖风吹得死人臭,还把杭州送汴州。"(原古诗为南宋林升《题临安邸》:"山外青山楼外楼,西湖歌舞几时休。暖风熏得游人醉,直把杭州作汴州。")可作西湖实录。

鹿苑寺方柿

萧山(浙江萧山)方柿(方形的柿子),皮绿者不佳,皮红而肉糜烂者不佳,必树头红而坚脆如藕者,方称绝品。然间遇之,不多得。余向言西瓜生于六月,享尽天福;秋白梨生于秋,方柿、绿柿生于冬,未免失候。

丙戌(顺治三年),余避兵西白山(浙江嵊州),鹿苑寺(西白山东南鹿苑山下)前后有夏方柿十数株。六月歊暑(酷暑),柿大如瓜,生脆如咀冰嚼雪,目为之明,但无法制之,则涩勒不可入口。土人以桑叶煎汤,候冷,加盐少许,入瓮内,浸柿没其颈,隔二宿取食,鲜磊异常。余食萧山柿多涩,请赠以此法。

西湖七月半

西湖七月半(农历七月十五,中元节),一无可看,止(只)可看看七月半之人。看七月半之人,以五类看之。其一,楼船箫鼓,峨冠(高帽,指官绅)盛筵,灯火优傒(歌妓与仆人),声光相乱,名为看月而实不见月者,看之;其一,亦船亦楼,名娃(美女)闺秀,携及童娈(容貌姣好的少年家僮),笑啼杂之,环坐露台(楼船上赏景平台),左右盼望,身在月下而实不看月者,看之;其一,亦船亦声歌,名妓闲僧,浅斟低唱,弱管轻丝(轻柔的管弦音乐),竹肉相发(箫笛声伴着歌唱声),亦在月下,亦看月,而欲人看其看月者,看之;其一,不舟不车(不坐船不乘车),不衫不帻(不穿长衫不戴头巾,穿戴随意),酒醉饭饱,呼群三五,跻(挤)入人丛,昭庆(昭庆寺)、断桥,嚣呼(大呼小叫)嘈杂,装假醉,唱无腔曲,月亦看,看月者亦看,不看月者亦看,而实无一看者,看之;其一,小船轻幌(窗幔),净几暖炉,茶铛(煮茶的小锅)旋(随时)煮,素瓷静递,好友佳人,邀月同坐,或匿影(藏身)树下,或逃嚣里湖,看月而人不见其看月之态,亦不作意(着意)看月者,看之。

杭人游湖,巳(上午九点到十一点)出酉(下午五点到七点)归,避月如避仇,是夕好名(这天夜晚,喜欢"中元"的名目),逐队争出,多犒(犒劳)门军(把守城门的军士)酒钱,轿夫擎燎(高举火把),列俟(排队等候)岸上。一入舟,速(催促)舟子急放断桥,赶入胜会。以故二鼓以前,人声鼓吹,如沸如撼,如魇(梦魇)如呓(呓语),如聋如哑,大船小船一齐凑岸,一无所见,止见篙击篙,舟触舟,肩摩肩,面看面而已。少刻兴尽,官府席散,皂隶(差役)喝道(吆喝开道)去,轿夫叫,船上人怖以关门(用关城门恐吓),灯笼火把如列星,一一簇拥而去。岸上人亦逐队赶门,渐稀渐薄,顷刻散尽矣。

吾辈始舣(船靠岸)舟近岸,断桥石磴(石台阶)始凉,席其上(在石磴上摆设酒筵),呼客纵饮。此时,月如镜新磨,山复整妆,湖复颒面(洗脸,恢复清澈明净。颒,huì)。向(先前)之浅斟低唱者出,匿影树下者亦出,吾辈往通声气(过去打招呼),拉与同坐。韵友(风雅的朋友)来,妙妓至,杯箸安,竹肉发。月色苍凉,东方将白,客方散去。吾辈纵舟,酣睡于十里荷花之中,香气拍人,清梦甚惬(惬意)。

及时雨

　　壬申（崇祯五年）七月，村村祷雨，日日扮潮神海鬼，争唾之。余里中扮《水浒》，且曰：画《水浒》者，龙眠（李公麟，北宋著名画家）、松雪（赵孟頫，元代著名书画家）近章侯，总不如施耐庵（《水浒》作者），但如其面勿黛，如其髭勿鬣，如其兜鍪勿纸，如其刀杖勿树，如其传勿杜撰，勿弋阳腔（古代四大戏曲声腔之一），则十得八九矣。于是分头四出，寻黑矮汉，寻梢长大汉，寻头陀，寻胖大和尚，寻茁壮妇人，寻姣长妇人，寻青面，寻歪头，寻赤须，寻美髯，寻黑大汉，寻赤脸长须，大索城中。无则之郭、之村、之山僻、之邻府州县，用重价聘之，得三十六人。梁山泊好汉，个个呵活，臻臻至至，人马称娖（整齐一致）而行，观者兜截遮拦，直欲看杀卫玠（西晋时卫玠，因相貌出众而出门常被人围观）。五雪叔归自广陵，多购法锦（西南少数民族地区产的织锦）宫缎，从以台阁者八：雷部六，大士一，龙宫一，华重美都，见者目夺气亦夺。盖自有台阁，有其华无其重，有其美无其都，有其华重美都，无其思致，无其文理。轻薄子有言："不替他谦了，也事事精办。"

　　季祖南华老人喃喃怪问余曰："《水浒》与祷雨有何义味？近余山盗起，迎盗何为耶？"余俯首思之，果诞而无谓，徐（慢慢地）应之曰："有之。天罡（天罡星，北斗七星的柄）尽，以宿太尉殿焉。用大牌六，书'奉旨招安'者二，书'风调雨顺'者一，'盗息民安'者一，更大书'及时雨'者二，前导之。"观者欢喜赞叹，老人亦匿笑而去。

山艇子

　　龙山（卧龙山，在绍兴西）自巘（山峰）花阁而西皆骨立，得其一节，亦尽名家。山艇子（地名，作者曾于此地书院读书）石，意尤孤孑（奇特），壁立霞剥，义不受土。大樟徙其上，石不容也，然不恨石，屈而下，与石相

亲疏。石方广三丈，右坳而凹，非竹则尽矣，何以浅深乎石？然竹怪甚，能孤行，实不藉（凭借）石。竹节促而虮叶毰毰（xiǎn，毛发整齐），如猬毛、如松狗尾，离离矗矗（浓密挺拔），捎掠（拂掠转折）攒挤（簇聚拥挤），若有所惊者。竹不可一世，不敢以竹二之。

或曰：古今错刀也。或曰：竹生石上，土肤浅，蚀其根，故轮囷（回旋盘曲。囷，qūn）盘郁，如黄山上松。山艇子樟，始之石，中之竹，终之楼，意长楼不得竟其长，故艇之。然伤于贪，特特向石，石意反不之属，使去丈而楼，壁出，樟出，竹亦尽出。竹石间意，在以淡远取之。

悬杪亭

余六岁随先君子（去世的父亲）读书于悬杪亭，记在一峭壁之下，木石撑距，不藉尺土，飞阁虚堂，延骈如栉。缘崖而上，皆灌木高柯，与檐甃相错。取杜审言（唐初著名诗人，杜甫祖父）"树杪玉堂悬"句，名之"悬杪"，度索寻樟，大有奇致。后仲叔庐其崖下，信堪舆家（风水先生）言，谓碍其龙脉（出过帝王、贵人或能够帝王贵人，护佑后裔之处），百计购之，一夜徙（迁移）去，鞠（变为）为茂草。儿时怡寄（快乐的记忆），常梦寐寻往。

雷　殿

雷殿（雷公殿，在绍兴府山）在龙山磨盘冈下，钱武肃王（钱镠，吴越国王）于此建蓬莱阁，有断碣（碑石）在焉。殿前石台高爽，乔木萧疏。六月，月从南来，树不蔽月。余每浴后拉秦一生、石田上人、平子辈坐台上，乘凉风，携肴核，饮香雪酒，剥鸡豆（鸡头米，芡实），啜乌龙井水，水凉洌激齿。下午着人投西瓜浸之，夜剖食，寒栗逼人，可雠（应对）三伏。林中多鹘（隼），闻人声辄惊起，磔磔（鸟叫声）云霄间，半日不得下。

龙山雪

天启六年十二月，大雪深三尺许。晚霁（雪停天晴），余登龙山，坐上城隍庙山门，李岕生、高眉生、王畹生、马小卿、潘小妃侍。万山载雪，明月薄之，月不能光，雪皆呆白。坐久清冽，苍头送酒至，余勉强举大觥（酒杯）敌寒，酒气冉冉，积雪欲（融合，积雪寒气与温暖酒气相合）之，竟不得醉。马小卿唱曲，李岕生吹洞箫和之，声为寒威所慑，咽涩不得出。三鼓归寝。马小卿、潘小妃相抱从百步街旋滚而下，直至山趾（山脚），浴雪而立。余坐一小羊头车，拖冰凌而归。

庞公池

庞公池（又名王公池，在绍兴城内府山西麓）岁不得船，况夜船，况看月而船。自余读书山艇子，辄留小舟于池中，月夜，夜夜出，缘城至北海坂，往返可（大约）五里，盘旋其中。山后人家，闭门高卧，不见灯火，悄悄冥冥，意颇凄恻。余设凉簟（凉席），卧舟中看月，小傒船头唱曲，醉梦相杂，声声渐远，月亦渐淡，嗒然（悄悄）睡去。歌终忽寤，含糊赞之，寻复鼾齁（一会儿又打鼾了）。小傒亦呵欠歪斜，互相枕藉。舟子回船到岸，篙啄丁丁，促起就寝。此时胸中浩浩落落，并无芥蒂（郁积心中的不快），一枕黑甜（酣睡），高舂（黄昏）始起，不晓世间何物谓之忧愁。

品山堂鱼宕

二十年前强半住众香国（这里指鲜花盛开的地方），日进城市，夜必出之。品山堂孤松箕踞（岔开两腿而坐，形似簸箕，这里形容松树树干姿态），岸帻（推起头巾露出前额，姿态潇洒，这里指松树伸展的枝条）入水。池广三亩，莲花起岸，莲房以百以千，鲜磊可喜。新雨过，收叶上荷珠（荷

叶上的露珠)煮酒,香扑烈。

门外鱼宕(养鱼的鱼塘),横亘三百馀亩,多种菱芡。小菱如姜芽,辄采食之,嫩如莲实,香似建兰,无味可匹。深秋,橘奴饱霜,非个个红绽不轻下剪。季冬观鱼,鱼艓千馀艘,鳞次栉比,罱(lǎn,用竹竿张网夹鱼的工具)者夹之,罛(gū,大渔网)者扣之,籍(cè,用叉刺鱼)者罨(yǎn,撒网捕鱼)之,罥(juàn,缠绕)者撒之,罩者抑之,罣(guà,悬挂)者举之,水皆泥泛,浊如土浆。鱼入网者圉圉(yǔ,不舒展不自在),漏网者唵唵(yǎn,鱼在水面张口呼吸),寸鲵(鱼)纤鳞,无不毕出。集舟分鱼,鱼税三百馀斤,赤鱼白肚,满载而归。约吾昆弟(兄弟),烹鲜剧饮,竟日(一整日)方散。

松花石

松花石,大父舁(搬运)自潇江署中。石在江口神祠,土人(当地人)割牲飨神,以毛血洒石上为恭敬,血渍毛毵(sān,散乱),几不见石。大父舁入署,亲自祓濯(清除污垢),呼为"石丈(对长辈的尊称)",有《松花石纪》。今弃阶下,载花缸,不称使(合用)。余嫌其轮囷(弯曲而不伸展)臃肿,失松理,不若董文简家苴错二松橛,节理槎枒(错杂参差),皮断犹附,视此更胜。大父石上磨崖铭之曰:"尔昔鬣而鼓(形容松树枝桠繁茂伸展)兮,松也;尔今脱而骨兮,石也;尔形可使代兮,贞勿易(坚贞的品质不能变)也;尔视余笑兮,莫余逆(你我志同道合,交谊深厚)也。"其见宝如此。

闰中秋

崇祯七年闰中秋,仿虎丘故事,会各友于蕺山亭(绍兴、会稽两县的状元亭,凡考中状元者名字刻于亭柱)。每友携斗酒、五簋(盛粮食的器皿)、十蔬果、红毡一床,席地鳞次坐。缘山七十馀床,衰童塌妓,无席无之。

在席者七百馀人，能歌者百馀人，同声唱"澄湖万顷"（《浣纱记》中曲子），声如潮涌，山为雷动。诸酒徒轰饮，酒行如泉。夜深客饥，借戒珠寺（在绍兴市区西街，原为王羲之旧宅）斋僧大锅煮饭饭客，长年（长工）以大桶担饭不继。命小傒笋竹、楚烟于山亭演剧十馀出，妙入情理，拥观者千人，无蚊虻声，四鼓（四更）方散。月光泼地如水，人在月中，濯濯（明净清朗）如新出浴。夜半，白云冉冉起脚下，前山俱失，香炉、鹅鼻、天柱诸峰，仅露髻尖（山头）而已，米家山（宋代画家米芾、米友仁父子的山水自成一格，被称为米家山）雪景仿佛见之。

愚公谷

　　无锡去县北五里为铭山。进桥，店在左岸，店精雅，卖泉酒、水坛、花缸、宜兴罐、风炉、盆盎、泥人等货。愚公谷（在江苏无锡锡惠公园内，原为"听泉山房"）在惠山右，屋半倾圮，惟存木石。惠水涓涓，由井之（到）洞，由洞之溪，由溪之池、之厨、之湢（bì，浴室），以涤、以濯、以灌园、以沐浴、以净溺器，无不惠山泉者，故居园者福德与罪孽正等（相等）。

　　愚公先生交游遍天下，名公巨卿多就（接近）之，歌儿舞女、绮席华筵、诗文字画，无不虚往实归。名士清客至则留，留则款（款待），款则馈，馈则贶（赠送礼物）。以故愚公之用钱如水，天下人至今称之不少衰。愚公文人，其园亭实有思致文理者为之，礧（垒）石为垣，编柴为户，堂不层不庑，树不配不行。堂之南，高槐古朴，树皆合抱，茂叶繁柯，阴森满院。藕花一塘，隔岸数石，治（有规则地）而卧。土墙生苔，如山脚到涧边，不记在人间。园东逼墙一台，外瞰寺，老柳卧墙角而不让台，台遂不尽瞰，与他园花树故故（特意）为亭、台意特特（特意）为园者不同。

定海水操

定海（浙江定海）演武场在招宝山（在浙江镇海东北，南临海港，古称侯涛山）海岸。水操（在水上进行军事操练）用大战船、唬船（一种小型战船，又称叭唬船）、蒙冲（生牛皮蒙覆的战船）、斗舰（大型战船）数千馀艘，杂以鱼艓轻艖（轻便小船），来往如织。舳舻（船头船尾）相隔，呼吸难通，以表语目，以鼓语耳，截击要遮，尺寸不爽（差错）。健儿瞭望，猿蹲桅斗，哨见敌船，从斗上掷身腾空溺水，破浪冲涛，顷刻到岸，走报中军，又趵跃入水，轻如鱼凫。水操尤奇在夜战，旌旗干橹皆挂一小灯，青布幕之，画角一声，万蜡齐举，火光映射，影又倍之。招宝山凭槛俯视，如烹斗煮星，釜汤正沸。火炮轰裂，如风雨晦冥中电光翕焱（光芒四射），使人不敢正视；又如雷斧断崖石，下坠不测之渊，观者褫魄（惊惶失魄）。

阿育王寺舍利

阿育王寺（在浙江宁波鄞州阿育王山，东晋时为保护舍利而建），梵宇深静，阶前老松八九棵，森罗（高大繁密）有古色。殿隔山门远，烟光树樾，摄入山门，望空视明，冰凉晶沁。右旋至方丈门外，有娑罗（一般认为指七叶树，佛教宝树）二株，高插霄汉。便殿供旃檀（檀香）佛，中储一铜塔，铜色甚古，万历间慈圣皇太后（明神宗生母李氏，原为宫女）所赐，藏舍利子塔也。舍利子常放光，琉璃五彩，百道迸裂，出塔缝中，岁三四见。凡人瞻礼舍利，随人因缘现诸色相。如墨墨（昏暗看不清）无所见者，是人必死。昔湛和尚至寺，亦不见舍利，而是年（这一年）死。屡有验。

次早，日光初曙，僧导余礼佛（拜佛），开铜塔，一紫檀佛龛供一小塔，如笔筒，六角，非木非楮，非皮非漆，上下皦（mán，外层）定，四围镂刻花楞梵字（古印度文字）。舍利子悬塔顶，下垂摇摇不定，人透眼光入楞内，复视眼上视（往上看）舍利，辨其形状。余初见三珠连络如牟尼串

（串珠），煜煜有光。余复下顶礼，求见形相，再视之，见一白衣观音小像，眉目分明，鬖鬣（鬓毛额发）皆见。秦一生反复视之，讫（最终）无所见，一生遑遽（非常惶恐），面发赤，出涕而去。一生果以是年八月死，奇验若此。

过剑门

南曲中（青楼），妓以串戏（演戏）为韵事，性命以之（十分投入，以戏为命）。杨元、杨能、顾眉生、李十、董白以戏名（出名），属（嘱咐）姚简叔期（邀约）余观剧。僎僮下午唱《西楼》，夜则自串。僎僮为兴化大班，余旧伶马小卿、陆子云在焉，加意唱七出，戏至更定，曲中大咤异。杨元走鬼房（化妆间）问小卿曰："今日戏，气色大异，何也？"小卿曰："坐上坐者余主人。主人精赏鉴，延师课戏（请师长来考查演戏），童手指千（人多，语出《汉·货殖传》：通都大邑，童手指千），僎僮到其家谓'过剑门'（就像过剑门关一样难），焉敢草草！"杨元始来物色（辨认）余。《西楼》不及完，串《教子》。顾眉生：周羽，杨元：周娘子，杨能：周瑞隆。杨元胆怯肤栗，不能出声，眼眼相觑，渠（他）欲讨好不能，余欲献媚不得，持久之，伺便喝采一二，杨元始放胆，戏亦遂发。嗣后（以后）曲中戏，必以余为导师，余不至，虽夜分不开台也。以余而长声价（因为我而身价大涨），以余长声价之人而后长余声价者，多有之。

冰山记

魏珰（宦官魏忠贤）败，好事者作传奇（传奇剧本）十数本，多失实，余为删改之，仍名《冰山》。城隍庙扬台，观者数万人，台址鳞比，挤至大门外。一人上，白（宣称）曰："某（我）杨涟（因弹劾魏忠贤而惨死狱中者）。"□□谇谇（小声传话）曰："杨涟！杨涟！"声达外，如潮涌，人人皆如之。杖范元白，逼死裕妃（天启皇帝妃子，遭魏忠贤忌恨被陷害致死），怒气忿涌，噤断嗫唲(叫嚷)。至颜佩韦(苏州市民反抗魏忠贤阉党而就义的五义士之一)击杀缇骑，嗔呼(呼喊)跳蹴，汹汹崩屋。沈青霞(上书揭发严嵩罪行的文人)缚橐人(同伙)射相嵩(权臣严嵩)，以为笑乐，不是过也。

是秋，携之至兖，为大人寿。一日，宴守道刘半舫(官至工部尚书，正直而不附阉党)，半舫曰："此剧已十得八九，惜不及内操(选太监在内宫操练)菊宴及逼灵犀与橐收数事耳。"余闻之，是夜席散，余填词，督小傒强记之。次日，至道署搬演，已增入七出，如半舫言。半舫大骇异，知余所构(编撰)，遂诣(拜访)大人，与余定交(结为朋友)。

卷八

【导读】

　　卷八有《龙山放灯》《王月生》《张东谷好酒》《楼船》《阮圆海戏》《嵲花阁》《范与兰》《蟹会》《露兄》《闰元宵》《合采牌》《瑞草溪亭》《琅嬛福地》等十三篇。

　　这些篇什集中在一起，很明显地显示了作者广泛的兴趣，喝酒吃蟹，唱戏打牌，他都很是精通，也让我们再次窥探晚明时期文人生活的方方面面。而写人记事，还是那样简约而又丰润，闲笔点染却又笔力锐硬。状物，比如写螃蟹，"壳如盘大，坟起，而紫螯巨如拳，小脚肉出，油油如蝤蛑。掀其壳，膏腻堆积，如玉脂珀屑，团结不散，甘腴虽八珍不及"。大小形状、颜色滋味，一一道来，直写加比喻，总共就50多字。写人，写到好酒之人张东谷对张家老小不善饮酒不满意，用他的言说："尔兄弟奇矣！肉只是吃，不管好吃不好吃；酒只是不吃，不知会吃不会吃。"此言一出，张东谷之谐谑蕴藉呼之欲出，再用其他人的话语与之比较，更突出了张的"晋人风味"。

　　这一卷中，有几篇特别能见作者价值取向的。一是《王月生》，写南京著名的歌姬王月生。作者对她充满敬意，笔墨中极力突出其高雅孤傲。面色，"如建兰

初开";体态神情,"楚楚文弱","矜贵寡言";才艺,"善楷书,画兰竹水仙,亦解吴歌",却"不易出口"。然后写面对姐妹们的调笑、公子哥儿的狎玩,她"寒淡如孤梅冷月,含冰傲霜,不喜与俗子交接;或时对面同坐,起若无睹者"。最后写她在公子再三力请,众人等她开言之时,"寒涩(艰难不顺畅)出二字曰:'家去。'""家去"二字,似不经心地轻轻点染,却是画龙点睛,写出王月生的孤傲和不善言说,妙绝。

《阮圆海戏》写阮大铖。作者对阮的评价,客观辩证,肯定其戏剧艺术的成就,强调阮大铖的戏"讲关目,讲情理,讲筋节","镞镞能新,不落窠臼";自制剧本"笔笔勾勒,苦心尽出";上台演出,"本本出色,脚脚出色,出出出色,句句出色,字字出色";主人讲解,让听者"知其义味,知其指归,故咬嚼吞吐,寻味不尽",评价可谓高矣。同时,指出其政治上人格上的污点影响了艺术才华的发挥和艺术作品的质量:"阮圆海大有才华,恨居心勿静,其所编诸剧,骂世十七,解嘲十三,多诋毁东林,辩宥魏党,为士君子所唾弃,故其传奇不之著焉。"从这一篇,我们可以了解作者对人对事的客观态度,分析议论的辩证思维。

透过这两篇的故事人物,我们看见了故事背后的作者,一位具有启蒙思想的晚明文人。当然,此卷最后一篇《琅嬛福地》,写梦中的"一丘""一壑""一石庵",死后安葬之地"可坐、可风、可月"的"琅嬛福地",更是直接表达了他的生活意趣和人生追求。

龙山放灯

万历辛丑年,父叔辈张灯龙山,剡(削)木为架者百,涂以丹膮(红色涂料),帨(蒙盖裹缠)以文锦,一灯三之。灯不专在架,亦不专在磴道(台阶),沿山袭谷,枝头树杪(树梢)无不灯者,自城隍庙门至蓬莱岗上下,亦无不灯者。山下望如星河倒注,浴浴熊熊(好像水势很大的样子),又如隋炀帝夜游,倾数斛萤火于山谷间,团结(聚拢成团)方开,倚草附木,迷迷（依附着）不去者。好事者卖酒，缘山席地坐。山无不灯，灯无不席，席无不人，人无不歌唱鼓吹。男女看灯者，一入庙门，头不得顾，踵不得旋，只可随势，潮上潮下，不知去落何所，有听（听任）之而已。庙门悬禁条：禁车马，禁烟火，禁喧哗，禁豪家奴不得行辟人。父叔辈台于大松树下（在大松树下搭台），亦席，亦声歌，每夜鼓吹笙簧与宴歌弦管，沉沉昧旦（不知不觉天已将亮）。十六夜，张分守宴织造太监于山巅星宿阁，傍晚至山下，见禁条，太监忙出舆笑曰："遵他，遵他，自咱们遵他起！"却（喝退）随役，用二丱角（头发束成两角的儿童）扶掖上山。夜半，星宿阁火罢，宴亦遂罢。灯凡四夜，山上下糟丘肉林（酒肉非常多），日扫果核蔗滓及鱼肉骨蠡（螺壳）蜕，堆砌成高阜，拾妇女鞋挂树上，如秋叶。

相传十五夜，灯残人静，当垆（卖酒）者正收盘核，有美妇六七人买酒，酒尽，有未开瓮者。买大罍一，可四斗许，出袖中瓜果，顷刻罄罍而去。疑是女人星，或曰酒星。又一事：有无赖子于城隍庙左借空楼数楹，以娈童实之，为"帘子胡同"。是夜，有美少年来狎某童，剪烛斝酒（醉酒），媟亵（猥亵）非理，解襦，乃女子也，未曙即去，不知其地、其人，或是妖狐所化。

王月生

南京朱市妓，曲中羞与为伍。王月生出朱市，曲中上下三十年决无其比也。面色如建兰（兰花品种，清新高雅）初开，楚楚文弱，纤趾一牙，如出水红菱，矜贵（矜持高贵）寡言笑，女兄弟闲客，多方狡狯（玩笑逗乐），嘲弄咍侮（戏弄），不能勾其一粲（露齿而笑）。善楷书，画兰竹水仙，亦解吴歌，不易出口。南京勋戚大老（皇亲贵族）力致之，亦不能竟一席。富商权胥得其主席半晌，先一日送书帕，非十金则五金，不敢亵（轻慢）订。与合卺（一起饮酒），非下聘一二月前，则终岁不得也。好茶，善（亲善要好）闵老子，虽大风雨、大宴会，必至老子家啜茶数壶始（才）去。所交有当意者，亦期与老子家会。一日，老子邻居有大贾（富商），集曲中妓十数人，群谇（嬉笑打闹）嘻笑，环坐纵饮。月生立露台上，倚徙栏楯（栏杆），视娗（tǐng，女子身长而美）羞涩，群婢见之皆气夺（丧失了神气），徙他室避之。月生寒淡如孤梅冷月，含冰傲霜，不喜与俗子交接；或时对面同坐，起若无睹者。有公子狎（狎妓）之，同寝食者半月，不得其一言。一日口嗫嚅动，闲客惊喜，走报公子曰："月生开言矣！"哄然以为祥瑞（吉祥的征兆），急走伺之（急忙跑过去伺候），面赪（红），寻（一会儿）又止，公子力请再三，謇涩（艰难不顺畅）出二字曰："家去。"

张东谷好酒

　　余家自太仆公称豪饮（能喝酒），后竟失传，余父余叔不能饮一蠡壳（这里指酒杯），食糟茄，面即发赪（红），家常宴会，但留心烹饪，庖厨之精，遂甲江左。一簋进，兄弟争啖之立尽，饱即自去，终席未尝举杯。有客在，不待客辞，亦即自去。山人张东谷，酒徒也，每悒悒不自得。一日起谓家君曰："尔兄弟奇矣！肉只是吃，不管好吃不好吃；酒只是不吃，不知会吃不会吃。"二语颇韵，有晋人风味。而近有伧父（鄙贱之人）载之《舌华录》，曰："张氏兄弟赋性奇哉！肉不论美恶，只是吃；酒不论美恶，只是不吃。"字字板实（语言平实而无趣），一去千里，世上真不少点金成铁（把好事办坏）手也。

　　东谷善滑稽，贫无立锥，与恶少讼（争吵），指东谷为万金豪富，东谷忙忙走（跑去）诉大父曰："绍兴人可恶，对半说谎，便说我是万金豪富！"大父常举以为笑。

楼　船

　　家大人造楼，船之（做成船的形状）；造船，楼之。故里中人谓船楼，谓楼船，颠倒之不置。是日落成，为七月十五，自大父以下，男女老稚，靡不集焉。以木排数重搭台演戏，城中村落来观者，大小千馀艘。午

后飓风起，巨浪磅礴，大雨如注，楼船孤危，风逼之几覆，以木排为戙（dòng，木船上用以系缆绳的木桩）索缆数千条，网网如织，风不能撼。少顷风定，完剧而散。越中舟如蠡壳（贝壳），局蹐（狭窄局促）篷底看山，如矮人观场，仅见鞋靸（拖鞋）而已，升高视明，颇为山水吐气。

阮圆海戏

阮圆海（阮大铖，曾任给事中，因依附魏忠贤阉党在崇祯时被免职）家优（演员），讲关目（剧情），讲情理，讲筋节，与他班孟浪（轻率）不同。然其所打院本（剧本），又皆主人自制，笔笔勾勒，苦心尽出，与他班卤莽者又不同。故所搬演（把戏剧搬上舞台演出），本本出色，脚脚出色，出出出色，句句出色，字字出色。余在其家看《十错认》《摩尼珠》《燕子笺》三剧，其串架斗笋、插科打诨、意色眼目，主人细细与之讲明。知其义味，知其指归，故咬嚼吞吐，寻味不尽。至于《十错认》之龙灯、之紫姑，《摩尼珠》之走解、之猴戏，《燕子笺》之飞燕、之舞象、之波斯进宝，纸札装束，无不尽情刻画，故其出色也愈甚。

阮圆海大有才华，恨居心勿静，其所编诸剧，骂世十七（十分之七），解嘲十三，多诋毁东林（明代后期的东林党），辩宥（辩护）魏党，为士君子所唾弃，故其传奇不之著焉。如就戏论，则亦镞镞（突出）能新，不落窠臼者也。

巘花阁

巘花阁在筠芝亭松峡下，层崖古木，高出林皋，秋有红叶。坡下支壑回涡，石碛（突出的石头）棱棱，与水相距。阁不槛、不牖（窗户），地不楼、不台，意正不尽也。

五雪叔归自广陵（扬州），一肚皮园亭，于此小试。台之、亭之、廊之、栈道之，照面楼之侧，又堂之、阁之、梅花缠折旋，未免伤板、伤实、伤排挤,意反局蹐,若石窟书砚。隔水看山、看阁、看石麓、看松峡上松,庐山面目(事物的真实面貌)反于山外得之。五雪叔属(嘱咐)余作对,余曰:"身在襄阳袖石(可把玩的袖珍型石头)里,家来辋口(唐代诗人王维隐居之地)扇图(扇面图画)中。"言其小处。

范与兰

范与兰七十有三,好琴,喜种兰及盆池小景。建兰三十馀缸,大如簏箕。早舁(搬)而入,夜舁而出者,夏也;早舁而出,夜舁而入者,冬也;长年辛苦,不减农事。花时,香出里外,客至坐一时,香袭衣裾,三五日不散。余至花期至其家,坐卧不去,香气酷烈,逆鼻不敢嗅,第(只是)开口吞歙(吮吸吞咽)之,如流瀣(流动的水气)焉。花谢,粪之满簏(被弃的落花装满簏箕),余不忍弃,与与兰谋曰:"有面可煎,有蜜可浸,有火可焙,奈何不食之也?"与兰首肯(赞同)余言。

与兰少年学琴于王明泉,能弹《汉宫秋》《山居吟》《水龙吟》三曲。后见王本吾琴,大称善,尽弃所学而学焉,半年学《石上流泉》一曲,生涩犹棘手。王本吾去,旋亦忘之,旧所学又锐意去之,不复能记忆,究竟终无一字,终日抚琴,但和弦而已。

所畜(养植)小景,有豆板黄杨,枝干苍古奇妙,盆石称之(用盆石盛载)。朱樵峰以二十金售之,不肯易,与兰珍爱,"小妾"呼之。余强借斋头三月,枯其垂一干,余懊惜,急舁归与兰。与兰惊惶无措,煮参汁浇灌,日夜摩(抚摸)之不置,一月后枯干复活。

蟹　会

食品不加盐醋而五味全者,为蚶、为河蟹。河蟹至十月与稻粱俱肥,壳如盘大,坟起(突出隆起),而紫螯巨如拳,小脚肉出,油油如蚓蝫(yǐn yán,蚯蚓)。掀其壳,膏腻堆积,如玉脂珀屑,团结不散,甘腴虽八珍不及。一到十月，余与友人兄弟辈立蟹会，期(约定)于午后至，煮蟹食之，人六只，恐冷腥(怕冷却后有腥味)，迭番(轮番)煮之。从以肥腊鸭、牛乳酪。醉蚶如琥珀，以鸭汁煮白菜如玉版。果蓏(luǒ, 瓜类植物的果实)以谢橘、以风栗、以风菱。饮以玉壶冰，蔬以兵坑笋，饭以新馀杭白，漱以兰雪茶。由今思之，真如天厨仙供，酒醉饭饱，惭愧惭愧。

露　兄

崇祯癸酉，有好事者开茶馆，泉实玉带，茶实兰雪，汤以旋煮，无老汤，器以时涤，无秽器，其火候、汤候，亦时有天合之者。余喜之，名其馆曰"露兄"，取米颠(北宋书画家米芾，因举止癫狂被称为"米颠")"茶甘露有兄"(露兄，甘露的哥哥，意思是比甘露更美味)句也。为之作《斗茶檄》，曰："水淫(米芾有洁癖，被称为"水淫")茶癖，爰有古风；瑞草雪芽，素称越绝。特以烹煮非法(不同于一般方法)，向来葛灶生尘；更兼赏鉴无人，致使羽《经》积蠹(多年弊病，指《茶经》说法不对)。迩(近)者择有胜地，复举汤盟，水符递自玉泉，茗战争来兰雪。瓜子炒豆，何须瑞草桥边；橘柚查梨，出自仲山圃内。八功德水(佛教认为极乐世界净土池中有八种功德)，无过甘滑香洁清凉；七家常事，不管柴米油盐酱醋。一日何可少此，子猷竹(子猷，王羲之第五子王徽之，生性爱竹)庶可齐名；七碗吃不得了，卢仝茶(唐代诗人卢仝好茶成癖，被称为"茶仙")不算知味。一壶挥麈，用畅清谈；半榻焚香，共期白醉。"

闰元宵

崇祯庚辰闰正月，与越中父老约重张五夜灯，余作张灯致语曰："两逢元正，岁成闰于摄提(岁星)之辰；再值孟陬(农历正月)，天假人以闲暇之月。《春秋传》(儒家经典《春秋》)详记二百四十二年事，春王正月，孔子未得重书；开封府更放十七、十八两夜灯，乾德(宋太祖赵匡胤年

号)五年,宋祖犹烦钦赐。兹闰正月者,三生奇遇,何幸今日而当场;百岁难逢,须效古人而秉烛(这里应指张灯)。况吾大越,蓬莱福地,宛委洞天。大江以东,民皆安堵;遵海(沿着海岸)而北,水不扬波。含哺(口衔食物形容生活安乐)嬉兮,共乐太平之世界;重译至者(经过辗转多重翻译而来到的人,指外国人),皆言中国有圣人。千百国来朝,白雉(白色野鸡,因少见而象征吉祥)之陈无算;十三年(用《史记》张良典故)于兹,黄耇(年老长寿者。耇,gǒu)之说有征。乐圣(嗜酒)衔杯,宜纵饮屠苏(古代风俗,正月初一饮屠苏酒)之酒;较书分火,应暂辍太乙之藜(暂时放下夜读的书本。用《拾遗记》故事:汉代刘向在天禄阁校书,夜默诵,有老父杖藜进门,吹杖端,烛燃火明。取《洪范五行》之文,天文舆图之牒以授焉,刘向请问姓名。云"太乙之精")。前此元宵,竟因雪妒,天亦知点缀丰年;后来灯夕,欲与月期,人不可蹉跎胜事。六鳌(神话中负载五仙山的六只大鳌)山立,只说飞来东武(东武吟行,南朝弦歌讴吟之曲名,咏叹人生短促,荣华易逝),使鸡犬不惊,百兽室悬,毋曰下守海澨(海边。澨,shì),唯鱼鳖是见。笙箫聒地(声音动地),竹椽出自柯亭(在绍兴西南,以产良竹著名);花草盈街,禊帖(《兰亭序》帖的别称)携来兰渚(在绍兴西南)。士女潮涌,撼动蠡城(绍兴,春秋时越国都城,因范蠡得名);车马雷殷(雷声隐隐),唤醒龙屿。况时逢丰穰(丰收),呼庚呼癸,一岁自兆重登;且科际辰年,为龙为光,两榜必征双首。莫轻此五夜之乐,眼望何时?试问那百年之人,躬逢(亲身逢遇)几次?敢祈同志,勿负良宵。敬藉赫蹄(写字用的绢帛),喧传(大肆传播)口号(颂诗)。"

合采牌

余作文武牌,以纸易骨,便于角斗,而燕客复刻一牌,集天下之斗虎、斗鹰、斗豹者,而多其色目、多其采,曰"合采牌"。余为之作叙曰:"太史公(司马迁)曰:'凡编户之民,富相什(十倍)则卑下之(经济条件相差十倍就低人一等),伯(百倍)则畏惮(畏惧)之,千则役,万则仆,物之理

（事物的道理）也。'古人以钱之名不雅驯（典雅不俗），缙绅先生难道之（难说出口），故易其名曰赋、曰禄、曰饷，天子千里外曰采。采者，采其美物以为贡，犹赋也。诸侯在天子之县内曰采，有地以处其子孙亦曰采，名不一，其实皆谷也，饭食之谓也。周封建多采（西周实行分封制度，让诸侯在所封地域建立邦国，诸侯就有自己的粮食收入）则胜，秦无采则亡。采在下无以合之，则齐桓、晋文（齐桓公、晋文公，春秋霸主）起矣。列国有采而分析（分离削减）之，则主父偃（汉武帝时大夫，向汉武帝建议推行削弱诸侯王实力的推恩法）之谋也。由是而亮采服采，好官不过多得采耳。充类至义之尽（用同类事物比照类推，把道理引申到极点），窃亦采也，盗亦采也，鹰虎豹由此其选也。然则奚为（为何）而不禁？曰：小役大，弱役强，斯二者天也。《皋陶谟》（《尚书》中的文字，记载舜的谋臣皋陶与舜、禹等人商议事情的情形）曰：'载采采'，微哉，之哉，庶哉！"

瑞草溪亭

瑞草溪亭为龙山支麓，高与屋等。燕客（作者堂兄）相其下有奇石，身执蔓舌（挖土工具），为匠石先，发掘之。见土辇（运土用具）土，见石甃（堆砌）石，去三丈许，始与基平，乃就其上建屋。屋今日成，明日拆，后日又成，再后日又拆，凡（总共）十七变而溪亭始（才）出。盖此地无溪也而溪之，溪之不足，又潴（挖土蓄水）之，壑（开沟）之，一日鸠工（聚集工匠）数千指，索性池之，索性阔一亩，索性深八尺。无水，挑水贮之，中留一石如案，回潴浮峦，颇亦有致。燕客以山石新开，意不苍古，乃用马粪涂之，使长苔藓，苔藓不得即出，又呼画工以石青石绿皴（涂画纹理）之。一日左右视，谓此石案，焉可无天目松数棵盘郁其上，遂以重价购天目松五六棵，凿石种之。石不受锸（锹），石崩裂，不石不树，亦不复案。燕客怒，连夜凿成砚山（利用山形之石凿成砚）形，缺一角，又辇一岩石补之。燕客性卞急（急躁），种树不得大，移大树种之，移种而死，又寻大树补之。种不死不已，死亦种不已，以故树不得不死，然亦不得即死。

溪亭比旧址低四丈，运土至东，多成高山，一亩之室，沧桑忽变。见其一室成，必多坐看之，至隔宿或即无有矣。故溪亭虽渺小，所费至巨万焉。燕客看小说："姚崇梦游地狱，至一大厂，炉鞴（bèi，风箱）千副，恶鬼数千，铸泻甚急，问之，曰：'为燕国公铸横财。'后至一处，炉灶冷落，疲鬼一二人鼓橐，奄奄无力，崇问之，曰：'此相公财库也。'崇瘝而叹曰：'燕公豪奢，殆天纵也。'"燕客喜其事，遂号"燕客"。二叔业四五万，燕客缘手立尽。甲申，二叔客死淮安，燕客奔丧，所积薪俸及玩好币帛之类又二万许，燕客携归，甫（刚刚）三月又辄尽，时人比之鱼宏四尽（梁朝人鱼弘，搜刮民财，极尽享乐，宣称要让"水田鱼鳖尽，山中獐鹿尽，田中米谷尽，村里民庶尽"）焉。溪亭住宅，一头造，一头改，一头卖，翻山倒水无虚日。有夏耳金者，制灯剪彩为花，亦无虚日。人称耳金为"败落隋炀帝"，称燕客为"穷极秦始皇"，可发一粲（一笑）。

琅嬛福地

陶庵（作者的号）梦有宿因（前世的姻缘），常梦至一石厂，岩宕岩窦（山石险峻幽深。岩，kǎn；宕，yǎo；窦，fù），前有急湍洄溪，水落如雪，松石奇古，杂以名花。梦坐其中，童子进茗果（茶水果品），积书满架，开卷视之，多蝌蚪、鸟迹、霹雳篆文，梦中读之，似能通其棘涩（艰涩）。闲居无事，夜辄梦之。醒后仿思，欲得一胜地仿佛为之。郊外有一小山，石骨棱砺，上多筼筜（丛生的竹子竹林），偃伏园内。余欲造厂（棚舍），堂东西向，前后轩之，后磥一石坪，植黄山松数棵，奇石峡之。堂前树娑罗（娑罗树，传说释迦牟尼在娑罗树下涅槃）二，资其清樾。左附虚室，坐对山麓，磴磴齿齿（排列整齐的样子），划裂如试剑，匾曰"一丘"。右踞厂阁三间，前临大沼，秋水明瑟（莹净），深柳读书，匾曰"一壑"。

缘山以北，精舍小房，绌屈（曲折）蜿蜒，有古木，有层崖，有小涧，有幽篁，节节有致。山尽有佳穴，造生圹（生前预造的坟墓），俟（等到）陶庵蜕（去世，从烦恼的人生解脱）焉，碑曰"呜呼有明陶庵张长公之圹（坟墓）"。圹左有空地亩许，架一草庵，供佛，供陶庵像，迎僧住之奉香火。大沼阔十亩许，沼外小河三四折，可纳舟入沼。河两崖皆高阜，可植果木，以橘、以梅、以梨、以枣，枸菊围之。山顶可亭。山之西鄙（西边），有腴田二十亩，可秫（种高粱）可粳（种水稻）。门临大河，小楼翼之，可看炉峰、敬亭诸山。楼下门之，匾曰"琅嬛福地"（传说中神仙居住的洞府）。缘河北走，有石桥极古朴，上有灌木，可坐、可风、可月（可以纳凉赏月）。

附录　自为墓志铭

　　蜀人张岱,陶庵其号也。少为纨绔子弟,极爱繁华,好精舍,好美婢,好娈童,好鲜衣,好美食,好骏马,好华灯,好烟火,好梨园,好鼓吹(演奏乐曲),好古董,好花鸟,兼以茶淫橘虐(极爱品茶食橘),书蠹诗魔(痴迷读书作诗),劳碌半生,皆成梦幻。年至五十,国破(1644年明朝覆灭)家亡,避迹山居。所存者,破床碎几,折鼎病琴,与残书数帙,缺砚一方而已。布衣疏食,常至断炊。回首二十年前,真如隔世。

　　常自评之,有七不可解。向以韦布(韦带布衣,指平民身分。韦带为古代贫残之人所系的无饰皮带。布衣指平民所穿的粗陋衣服)而上拟(类似)公侯,今以世家而下同乞丐,如此则贵贱紊(乱)矣,不可解一。产不及中人,而欲齐驱金谷(晋代富豪石崇别墅金谷园,代指富裕之人),世颇多捷径,而独株守於陵(战国时齐国陈仲子隐居地,比喻自己过隐居生活),如此则贫富舛(相违背)矣,不可解二。以书生而践戎马之场,以将军而翻文章之府,如此则文武错矣,不可解三。上陪玉皇大帝而不谄,下陪悲田院(也作卑田院,佛教以施贫为悲田,称救济贫民构为悲田院,后又指乞丐聚居的地方)乞儿而不骄,如此则尊卑溷(混乱)矣,不可解四。弱则唾面而肯自干,强则单骑而能赴敌,如此则宽猛背矣,不可解五。夺利争名,甘居人后,观场游戏,肯让人先,如此则缓急谬矣,不可解六。博弈摴蒲(下棋赌博),则不知胜负,啜茶尝水,则能辨渑淄(传说渑、淄两河水味不同,合到一起则难以辨别,惟春秋时齐国的易牙能分辨),如此则智愚杂矣,不可解七。有此七不可解,自且不解,安望人解?故称之以富贵人可,称之以贫贱人亦可;称之以智慧人可,称之以愚蠢人亦可;称之以强项(刚强不屈服)人可,称之以柔弱人亦可;称之以卞急(急躁)人可,称之以懒散人亦可。学书不成,学剑不成,学节义(节操与义行)不成,学文章不成,学仙学佛,学农学圃,俱不成。任世人呼之为败子,为废物,为顽民,为钝秀才,为瞌睡汉,为死老魅也已矣。

初字宗子,人称石公,即字石公。好著书,其所成者,有《石匮书》《张氏家谱》《义烈传》《琅嬛文集》《明易》《大易用》《史阙》《四书遇》《梦忆》《说铃》《昌谷解》《快园道古》《傒囊十集》《西湖梦寻》《一卷冰雪文》行世。生于万历丁酉(明神宗万历二十五年(1597))八月二十五日卯时,鲁国相大涤翁(张岱父亲曾任鲁献王右长史,相当于汉朝国相,大涤翁为其父张耀芳号)之树子(正妻所生之子)也,母曰陶宜人。幼多痰疾,养于外大母马太夫人者十年。外太祖(外曾祖父)云谷公宦两广,藏生牛黄丸,盈数簏(通"篓",篓箱),自余囝地(出生落地)以至十有六岁,食尽之而厥疾始廖。六岁时,大父雨若翁(祖父字雨若)携余之武林,遇眉公先生(陈继儒),跨一角鹿,为钱塘游客,对大父曰:"闻文孙善属对,吾面试之。"指屏上《李白骑鲸图》曰:"太白骑鲸,采石江边捞夜月。"余应曰:"眉公跨鹿,钱塘县里打秋风。"眉公大笑,起跃曰:"那得灵隽若此! 吾小友也。"欲进余以千秋之业,岂料余之一事无成也哉!

甲申(崇祯十七年(1644),明王朝覆灭)以后,悠悠忽忽,既不能觅死,又不能聊生,白发婆娑,犹视息人世。恐一旦溘先朝露(生命比朝露消失得还快,形容死得过早),与草木同腐,因思古人如王无功(王绩)、陶靖节(陶渊明)、徐文长(徐渭)皆自作墓铭,余亦效颦为之。甫(才)构思,觉人与文俱不佳,辍笔者再。虽然,第(只是)言吾之癖错,则亦可传也已。曾营生圹(生前预造的墓穴)于项王里(项里山,传说项王曾避仇于此)之鸡头山,友人李研斋题其圹曰:"呜呼有明著述鸿儒陶庵张长公之圹。"伯鸾高士,冢近要离(伯鸾即梁鸿,隐逸不仕之人,崇敬春秋时刺客要离,死后要埋葬在要离的坟墓附近),余故有取于项里也。明年,年跻七十,死与葬其日月尚不知也,故不书。

铭曰:穷石崇,斗金石。盲卞和,献荆玉。老廉颇,战涿鹿。赝龙

门（司马迁出生于龙门），开史局。馋东坡，饿孤竹（孤竹君二子伯夷、叔齐，不食周粟而饿死首阳山）。五羖大夫（春秋时虞国人百里奚，晋灭虞而被虏，后被楚国百姓抓走。秦穆公知他能干，用五张羖羊的皮把他买来，相秦七年，使秦成诸侯霸主），焉能自鬻（卖）？空学陶潜，枉希梅福（西汉人，王莽专权，他弃家出走，传说后来成仙）。必也寻三外野人（南宋诗人郑思肖宋亡后隐居吴下，自称三外野人），方晓我之终曲。

西湖梦寻

前　言

　　与《陶庵梦忆》不同,《西湖梦寻》在体例和内容上
有一定的特殊性。写的是作者记忆中的西湖各处风
景名胜,以西湖为原点,以方位为框架,以时间为指
向,上溯西湖早期开发形成,中述西湖鼎盛,下绘鼎革
后的残败,静美风光、历史沿革、掌故传说尽在其中,
展现出一部西湖的兴衰史。而体例也有个性,作者在
描绘解说名胜的同时,辑入相关诗文,有自己的旧文,
也有历代文人的诗文柱铭。全书以其独特的视角和
语言艺术,勾画出明朝时期的西湖风情,比较全面地
介绍了明清之际的西湖风光、商业文化和宗教氛围。
《四库全书总目》云:"每景首为小序,而杂采古今诗文
列于其下。岱所自作尤伙,亦附著焉。其体例全仿刘
侗《帝京景物略》,其诗文亦全沿公安、竟陵之派。"
　　张岱一生都居住在杭州西湖边,"盘礴"在他心头
的是他为之"一往深情"的故人和往事。作者说:"阔
别西湖二十八载,然西湖无日不入吾梦中,而梦中之
西湖,未尝一日别余也。"可见西湖是他魂牵梦绕的地
方。然而时局变迁,沧海桑田,"余梦中所有者,反为
西湖所无。及至断桥一望,凡昔日之弱柳夭桃、歌楼
舞榭,如洪水淹没,百不存一矣。余乃急急走避,谓余
为西湖而来,今所见若此,反不若保我梦中之西湖,尚

得完全无恙也"。现实中的西湖已无昔日面貌,但作者提起笔来落在纸上的,还是梦中之西湖,正如陈平原所说:"诉说遥远的往事,很容易带有温情;而这种温情,多少掩盖了事物原本存在的缺陷,只呈现其'富有诗意'的一面。"

《西湖梦寻》是晚明清初的西湖风情图。明清时期的江南商业文化高度发达,浓厚的商业气息渗透到市民文化之中。当时商业贸易往来之发达,同时也在潜移默化中改变着世风。书中的风俗民情,可以让我们了解这个时代和这一个美丽的地方。

《西湖梦寻》还是晚明佛教寺院状况的真实记录。唐宋时期佛教盛极一时,西湖一带古寺名刹极多,作者饶有趣味地记录了与寺庙有关的奇闻轶事,颇有神秘色彩,这些传奇故事有的直接引自前人作品,有的则加以神化,透露出明朝后期佛教世俗化倾向,甚至逐渐与民间迷信结合成为俗文化的一个方面,也有非常强的认知功能。

《西湖梦寻》还突出表现了张岱小品文的特点和他的审美个性。对西湖赏景时间地点的偏好和品评标准,集中表现了这一点。同时,他将心中对名士韵人的留恋自豪寄托在笔下的人物身上,将艺术上"一往深情,小则成疵,大则成癖"的审美理念移用为品评人物的标准,贾似道因在艺术上的癖好和才能引起张岱的共鸣与激赏,从另一个侧面体现了张岱虽自任史家,仍不脱任情任性的艺术气质。所以,该书延续和发挥了名士张岱"一往深情"的审美偏好和人物品评标准。

自　序

自
序

　　余生不辰（生不逢时），阔别西湖二十八载，然西湖无日不入吾梦中，而梦中之西湖，未尝一日别余也。前甲午（清顺治十一年）、丁酉（清顺治十四年），两至西湖，如涌金门商氏（商周祚，官至兵部尚书）之楼外楼，祁氏（祁彪佳，明代政治家、戏曲理论家）之偶居，钱氏（钱象坤，曾任礼部尚书）、余氏（余煌，曾任兵部尚书）之别墅，及余家之寄园（作者祖父所建别墅），一带湖庄，仅存瓦砾。则是余梦中所有者，反为西湖所无。及至断桥一望，凡昔日之弱柳夭桃、歌楼舞榭，如洪水淹没，百不存一矣。余乃急急走避，谓余为西湖而来，今所见若此，反不若保我梦中之西湖，尚得完全无恙也。因想余梦与李供奉（李白）异。供奉之梦天姥（李白曾作《梦游天姥吟留别》）也，如神女名姝，梦所未见，其梦也幻。余之梦西湖也，如家园眷属，梦所故有，其梦也真。今余僦（租赁）居他氏已二十三载，梦中犹在故居。旧役小傒（仆童），今已白头，梦中仍是总角（少年）。夙习未除，故态难脱。而今而后，余但向蝶庵（作者书斋名）岑寂，蘧榻（粗席铺就的床榻）于徐，惟吾旧梦是保，一派西湖景色，犹端然未动也。儿曹（儿辈）诘问，偶为言之，总是梦中说梦，非魇即呓也。因作《梦寻》七十二则，留之后世，以作西湖之影。余犹山中人，归自海上，盛称海错（海产美味）之美，乡人竞来共舐（舔舐）其眼。嗟嗟！金齑瑶柱（蔬菜干贝），过舌即空，则舐眼亦何救其馋哉！

　　岁辛亥（康熙十年）七月既望（十六日），古剑蝶庵老人张岱题。

西湖总记 明圣二湖（古时西湖称明圣湖）

【导读】

这一篇是西湖总记，表明了作者对西湖的总体认知。在引述多人对西湖的评价后，作者表达自己的看法，从美人、隐士、神仙到名妓多重比喻，差别可谓大也。不仅用一连串的比喻，而且与湘湖比较着说，比出了西湖的特点和自己独特的观点。作者用"名妓"形容西湖，是说西湖之热闹，人人都可游玩，所谓"人人得而媟亵之矣。人人得而媟亵，故人人得而艳美；人人得而艳美，故人人得而轻慢"，颇有些为西湖鸣不平的感觉，言语之中又含有人人游湖却少有人懂得游湖的意味。于是下文引三国董遇谈读书要善用时间的话："冬者，岁之馀也；夜者，日之馀也；雨者，月之馀也。"借此说道"善游湖者，亦无过董遇三余"，"雪巘古梅，何逊烟堤高柳；夜月空明，何逊朝花绰约；雨色涳濛，何逊晴光潋滟"。在作者看来，"善游湖者"，不是一般人能做到的，"深情领略，是在解人"，以贾似道、孙东瀛为例，即便是生活在西湖许多年的，也未必懂得西湖的性情和风味。"三余"之说，集中体现了作者独特的审美观和对西湖的理解，他真可谓是西湖的知音啊。

自马臻开鉴湖（马臻在东汉顺帝时任会稽太守，主持修建绍兴地区最早也是最大的水利工程鉴湖），而由汉及唐，得名最早。后至北宋，西湖起而夺之，人皆奔走西湖，而鉴湖之淡远，自不及西湖之冶艳矣。至于湘湖（北宋知县杨诗开凿，在杭州萧山城西），则僻处萧然，舟车罕至，故韵士高人无有齿及（谈到）之者。余弟毅孺（作者族弟张弘）常比西湖为美人，湘湖为隐士，鉴湖为神仙。余不谓然（不认为对）。余以湘湖为处子（处女），视婷（tīng，女子身长而美）羞涩，犹及见其未嫁之时。而鉴湖为名门闺淑，可钦而不可狎（亲近轻慢）。若西湖则为曲中名妓，声色俱丽，然倚门献笑，人人得而媟亵（轻薄猥亵）之矣。人人得而媟亵，故人人得而艳羡；人人得而艳羡，故人人得而轻慢。

在春夏则热闹之，至秋冬则冷落矣；在花朝（农历二月十五百花节）则喧哄（喧闹）之，至月夕（月夜）则星散矣；在晴明则萍聚之，至雨雪则寂寥矣。故余尝谓："善读书，无过董遇三馀（三国时董遇性质讷而好学，是当时的名儒。有学生说时间不够用，董遇回答："当以三馀"即"冬者岁之馀，夜者日之馀，阴雨者时之馀也。"），而善游湖者，亦无过董遇三馀。董遇曰：'冬者，岁之馀也；夜者，日之馀也；雨者，月之馀也。'雪巘（险峻的山）古梅，何逊（怎么比不过）烟堤高柳；夜月空明，何逊朝花绰约；雨色涳濛，何逊晴光滟潋（水波荡漾）。深情领略，是在解人。"即湖上四贤，余亦谓："乐天（白居易）之旷达，固不若和靖（林逋）之静深；邺侯（李泌）之荒诞，自不若东坡（苏轼）之灵敏也。"其馀如贾似道（宋理宗时权臣，曾居住西湖数十年）之豪奢，孙东瀛（司礼太监孙隆，曾斥资整修西湖旧景）之华赡，虽在西湖数十年，用钱数十万，其于西湖之性情、西湖之风味，实有未曾梦见者在也。世间措大（贫寒失意的读书人），何得易言游湖。

苏轼《夜泛西湖》诗：

菰蒲无边水茫茫，荷花夜开风露香。

渐见灯明出远寺，更待月黑看湖光。

又《湖上夜归》诗：

我饮不尽器，半酣尤味长。篮舆湖上归，春风吹面凉。

行到孤山西,夜色已苍苍。清吟杂梦寐,得句旋已忘。
尚记梨花村,依依闻暗香。

又《怀西湖寄晁美叔》诗:

西湖天下景,游者无愚贤。深浅随所得,谁能识其全。
嗟我本狂直,早为世所捐。独专山水乐,付与宁非天。
三百六十寺,幽寻遂穷年。所至得其妙,心知口难传。
至今清夜梦,耳目馀芳鲜。君持使者节,风采烁云烟。
清流与碧巘,安肯为君妍。胡不屏骑从,暂借僧榻眠。
读我壁间诗,清凉洗烦煎。策杖无道路,直造意所使。
应逢古渔父,苇间自贪缘。问道若有得,买鱼弗论钱。

李奎《西湖》诗:

锦帐开桃岸,兰桡系柳津。鸟歌如劝酒,花笑欲留人。
钟磬千山夕,楼台十里春。回看香雾里,罗绮六桥新。

苏轼《开西湖》诗:

伟人谋议不求多,事定纷纭自唯阿。
尽放龟鱼还绿净,肯容萧苇障前坡。
一朝美事谁能继,百尺苍崖尚可磨。
天上列星当亦喜,月明时下浴金波。

周立勋《西湖》诗:

平湖初涨绿如天,荒草无情不记年。
犹有当时歌舞地,西泠烟雨丽人船。

夏炜《西湖竹枝词》:

四面空波卷笑声,湖光今日最分明。
舟人莫定游何外,但望鸳鸯睡处行。
平湖竟日只溟濛,不信韶光只此中。
笑拾杨花装半臂,恐郎到晚怯春风。
行舫次第到湖湾,不许莺花半刻闲。
眼看谁家金络马,日驮春色向孤山。

春波四合没晴沙，昼在湖船夜在家。

怪杀春风归不断，担头原自插梅花。

欧阳修《西湖》诗：

菡萏香消画舸浮，使君宁复忆扬州。

都将二十四桥月，换得西湖十顷秋。

赵子昂《西湖》诗：

春阴柳絮不能飞，雨足蒲芽绿更肥。

只恐前呵惊白鹭，独骑款段绕湖归。

袁宏道《西湖总评》诗：

龙井饶甘泉，飞来富石骨。苏桥十里风，胜果一天月。

钱祠无佳处，一片好石碣。孤山旧亭子，凉荫满林樾。

一年一桃花，一岁一白发。南高看云生，北高见月没。

楚人无羽毛，能得凡游越。

范景文《西湖》诗：

湖边多少游观者，半在断桥烟雨间。

尽逐春风看歌舞，凡人着眼看青山。

张岱《西湖》诗：

追想西湖始，何缘得此名。恍逢西子面，大服古人评。

冶艳山川合，风姿烟雨生。奈何呼不已，一往有深情。

一望烟光里，苍茫不可寻。吾乡争道上，此地说湖心。

泼墨米颠画，移情伯子琴。南华秋水意，千古有人钦。

到岸人心去，月来不看湖。渔灯隔水见，堤树带烟熇。

真意言词尽，淡妆脂粉无。问谁能领略，此际有髯苏。

又《西湖十景》诗：

一峰一高人，两人相与语。此地有西湖，勾留不肯去。（两峰插云）

湖气冷如冰，月光淡于雪。肯弃与三潭，杭人不看月。（三潭印月）

高柳荫长堤，疏疏漏残月。蹩躠步松沙，恍疑是踏雪。（断桥残雪）

夜气瀹南屏，轻岚薄如纸。钟声出上方，夜渡空江水。（南屏晚钟）

烟柳幕桃花,红玉沉秋水。文弱不胜夜,西施刚睡起。(苏堤春晓)

颊上带微酡,解颐开笑口。何物醉荷花,暖风原似酒。(曲院荷风)

深柳叫黄鹂,清音入空翠。若果有诗肠,不应比鼓吹。(柳浪闻莺)

残塔临湖岸,頹然一醉翁。奇情在瓦砾,何必藉人工。(雷峰夕照)

秋空见皓月,冷气入林皋。静听孤飞雁,声轻天正高。(平湖秋月)

深恨放生池,无端造鱼狱。今来花港中,肯受人拘束?(花港观鱼)

柳耆卿《望海潮》词:

东南形胜,三吴都会,钱塘自古繁华。烟柳画桥,风帘翠幕,参差十万人家。云树绕堤沙,怒涛卷霜雪,天堑无涯。市列珠玑,户盈罗绮,竞豪奢。　　重湖叠巘清佳,有三秋桂子,十里荷花。羌管弄晴,菱歌泛夜,嬉嬉钓叟莲娃。千骑拥高牙。乘醉听箫鼓,吟赏烟霞。异日图将好景,归去凤池夸。(金主阅此词,慕西湖胜景,遂起投鞭渡江之思)

于国宝《风入松》词:

一春常费买花钱,日日醉湖边。玉骢惯识西湖路,骄嘶过、沽酒楼前。红杏香中箫鼓,绿杨影里秋千。　　暖风十里丽人天,花压髻云偏。画船载得春归去,馀情付、湖水湖烟。明日重扶残醉,来寻陌上花钿。

卷一　西湖北路

【导读】

　　此卷共十一篇,为《玉莲亭》《昭庆寺》《哇哇宕》《大佛头》《保俶塔》《玛瑙寺》《智果寺》《六贤祠》《西泠桥》《岳王坟》《紫云洞》,写西湖名胜最集中的精华景区所在。多介绍佛寺宝塔的来历沿革,名胜古迹的由来故事。有几篇作者写得特别有兴致:《岳王坟》叙述忠烈故事,感慨忠孝与奸雄的人生结局。《西泠桥》讲苏小小、赵孟坚故事,称赞"得山水之趣味者"。而第一篇《玉莲亭》,叙述"白乐天守杭州,政平讼简","历任多年,湖葑尽拓,树木成荫"的情形,对玉莲亭景色特别欣赏,赞之为"幽绝"。

玉莲亭

　　白乐天守杭州,政平讼简(政事平和诉讼简化)。贫民有犯法者,于西湖种树几株;富民有赎罪者,令于西湖开葑田(湖泽中葑菱积聚处年久腐化水涸成田)数亩。历任多年,湖葑尽拓,树木成荫。乐天每于此地,载妓看山,寻花问柳。居民设像祀之。亭临湖岸,多种青莲,以象(象征)公之洁白。右折而北,为缆舟亭,楼船鳞集,高柳长堤。游人至此

117

买舫（船）入湖者，喧阗（热闹喧哗）如市。东去为玉凫园，湖水一角，僻处城阿（城角），舟楫罕到。寓（居住）西湖者，欲避嚣杂，莫于此地为宜。园中有楼，倚窗南望，沙际水明，常见浴凫数百，出没波心，此景幽绝。

白居易《玉莲亭》诗：

湖上春来似画图，乱峰围绕水平铺。
松排山面千层翠，月照波心一点珠。
碧毯绿头抽早麦，青罗裙带展新蒲。
未能抛得杭州去，一半勾留是此湖。

孤山寺北贾亭西，水面初平云脚低。
几处早莺争暖树，谁家新燕啄春泥。
乱花渐欲迷人眼，浅草才能没马蹄。
最爱湖东行不足，绿杨阴里白沙堤。

昭庆寺

昭庆寺（在今杭州保俶路临西湖段，由吴越王钱元瓘所建，与北京戒台寺齐名的重要律寺），自狮子峰、屯霞石（在西湖北宝石山中）发脉，堪舆家（风水先生）谓之火龙。石晋（后晋）元年始创，毁于钱氏乾德（五代吴越王钱元瓘所奉宋太祖年号）五年。宋太平兴国（宋太宗年号）元年重建，立戒坛（僧徒传戒之坛）。天禧（宋真宗年号）初，改名昭庆。是岁（这一年）又火。迨（待到）明洪武（明太祖朱元璋年号）至成化（明宪宗年号），凡修而火者再（两次）。四年奉敕（奉皇帝旨）再建，廉访（按察使）杨继宗（官至按察使，后世敬仰的一代名臣）监修。有湖州富民应募，挚（持）万金来。殿宇室庐，颇极壮丽。嘉靖三十四年以倭乱（嘉靖三十四年，倭寇五十三人横行明朝三省共八十馀日，杀死杀伤官兵四五千人，包括明朝一御史、一县丞、二指挥、二把总），恐贼据为巢，遂火之（烧了）。事平再造，遂用堪舆家说，辟除民舍，使寺门见水，以厌（镇服或驱避可能出现的灾祸）火灾。隆庆（明穆

宗年号）三年复毁。万历（明神宗年号）十七年，司礼监太监孙隆以织造（以织造身份）助建，悬幢列鼎，绝盛一时。而两庑（寺庙东西两廊）栉比，皆市廛精肆（街市上热闹精美的店铺），奇货可居。春时有香市，与南海、天竺、山东香客及乡村妇女儿童，往来交易，人声嘈杂，舌敝耳聋，抵夏方止。崇祯（明思宗年号）十三年又火，烟焰障天，湖水为赤。及至清初，踵事增华（继续以前的事业并有所发展），戒坛整肃，较之前代，尤更庄严。

一说建寺时，为钱武肃王（吴越国太祖钱镠）八十大寿，寺僧圆净订缁流（僧徒）古朴、天香、胜莲、胜林、慈受、慈云等，结莲社（佛教净土宗最初的结社），诵经放生，为王祝寿。每月朔（初一），登坛设戒，居民行香礼佛，以昭（彰显）王之功德，因名昭庆。今以古德（年高有道的高僧）诸号，即为房名。

袁宏道《昭庆寺小记》：

从钱塘门而西，望保俶塔（在杭州宝石山上），突兀层崖中，则已心飞湖上也。午刻入昭庆，茶毕，即棹（划着）小舟入湖。山色如娥（美女），花光如颊，温风如酒，波纹如绫，才一举头，已不觉目酣神醉。此时欲下一语描写不得，大约如东阿王（曹植）梦中初遇洛神（曹植《洛神赋》中情景）时也。余游西湖始此，时万历丁酉二月十四日也。晚同子公（方文僎，字子公）渡净寺，觅阿宾（袁宏道之弟袁中道）旧住僧房。取道由六桥、岳坟归。次早陶周望（石篑）兄弟帖子至，十九日石篑兄弟同学佛人王静虚至，湖山好友，一时凑集矣。

张岱《西湖香市记》：

西湖香市（即庙市、庙会），起于花朝（二月十五百花生日，花朝日），尽于端午。山东进香普陀者日至，嘉湖（嘉兴、湖州）进香天竺者日至，至则与湖之人市焉，故曰香市。然进香之人市于三天竺（杭州天竺山和灵隐寺之间的三座寺庙，有上天竺、中天竺和下天竺），市于岳王坟，市于湖心亭，市于陆宣公祠，无不市，而独凑集（聚集）于昭庆寺（在杭州西湖畔）。昭庆寺两廊故无日不市者，三代（夏、商、周）八朝（汉、魏、晋、宋、齐、梁、陈、隋)之古董,蛮夷闽貊(泛指少数民族)之珍异,皆集焉。

至香市,则殿中边甬道上下、池左右、山门内外,有屋则摊,无屋则厂,厂外又棚,棚外又摊,节节寸寸。凡胭脂簪珥、牙尺(象牙做的尺子)剪刀,以至经典木鱼、伢儿(小孩)嬉具之类,无不集。此时春暖,桃柳明媚,鼓吹清和,岸无留船,寓无留客,肆无留酿。袁石公所谓"山色如娥,花光如颊,波纹如绫,温风如酒",已画出西湖三月。而此以香客杂来,光景又别。士女闲都(文雅俊美),不胜其村妆野妇之乔画(浓妆艳抹);芳兰芳泽(香气),不胜其合香(苏合香)芫荽(香菜)之薰蒸;丝竹管弦,不胜其摇鼓欲笙之聒帐(通宵宴饮,管弦齐奏的景象);鼎彝(古代祭器)光怪,不胜其泥人竹马之行情;宋元名画,不胜其湖景佛图(浮屠佛塔)之纸贵。如逃如逐,如奔如追,撩扑不开,牵挽不住。数百十万男男女女、老老少少,日簇拥于寺之前后左右者,凡四阅月方罢。恐大江以东,断无(绝对没有)此二地矣。

崇祯庚辰(崇祯十一年)三月,昭庆寺火。是岁及辛巳、壬午洊饥(连年饥荒。洊,jiàn,再),民强半(超过一半)饿死。壬午房鲠(阻塞)山东,香客断绝,无有至者,市遂废。辛巳夏,余在西湖,但见(只见)城中饿殍(饿死的人)舁(抬)出,扛挽相属。时杭州刘太守梦谦,汴梁人,乡里抽丰(秋风,利用各种关系和借口向别人索取财物)者多寓西湖,日以民词(百姓的诉状)馈送。有轻薄子改古诗诮之曰:"山不青山楼不楼,西湖歌舞一时休。暖风吹得死人臭,还把杭州送汴州。"(原古诗为南宋林升《题临安邸》:"山外青山楼外楼,西湖歌舞几时休。暖风熏得游人醉,直把杭州作汴州。")可作西湖实录。

哇哇宕

哇哇石,在棋盘山上,昭庆寺后,有石池深不可测,峭壁横空,方圆可三四亩,空谷相传,声唤声应,如小儿啼焉。上有棋盘石,耸立山顶,其下烈士祠,为朱跸(建炎三年金军攻打临安府时,钱塘令朱跸率乡兵二千,

抵御强敌,身受重伤,令士兵背负,继续指挥战斗,最终在天竺山牺牲)、金胜、祝威(朱跸的两位尉将,朱跸牺牲后他们集合幸存士兵,编竹糊泥,诱敌深入,金兵纷纷中计,互相践踏,横尸遍野。他们寡不敌众,最终被擒,英勇不屈,慷慨就义)诸人,皆宋时死金人难者,以其生前有护卫百姓功,故至今祀之。

屠隆《哇哇宕》诗:

昭庆庄严尽佛图,如何空谷有呱呱。

千儿乳坠成贤劫,五觉声闻报给孤。

流出桃花缘古宕,飞来怪石入冰壶。

隐身岩下传消息,任尔临崖动地呼。

大佛头

大石佛寺,考旧史,秦始皇东游入海,缆舟于此石上,后因贾平章(贾似道,任太师、平章军国重事,南宋奸相,居住西湖数十年)住里湖葛岭,宋大内(南宋皇宫)在凤凰山(在杭州东南),相去二十馀里,平章闻朝钟响,即下湖船,不用篙楫,用大锦缆(锦制的精美缆绳)绞动盘车(击水使船前进的装置),则舟去如驶,大佛头,其系缆石桩也。平章败,后人镌为半身佛像,饰以黄金,构殿覆之,名大石佛院。至元末毁。明永乐(明成祖年号)间,僧志琳重建,敕赐大佛禅寺。贾秋壑(贾似道,号秋壑)为误国奸人,其于山水书画古董,凡经其鉴赏,无不精妙。所制锦缆,亦自可人。一日临安失火,贾方在半闲堂斗蟋蟀,报者络绎,贾殊(竟然)不顾,但曰:"至太庙则报。"俄而,报者曰:"火直至太庙矣!"贾从小肩舆(轿子),四力士以椎剑护,异舆人里许即易(抬轿子的人走一里地就换人),倏忽(顷刻)至火所,下令肃然,不过曰:"焚太庙者,斩殿帅(统领禁军的殿前司长官都指挥使或殿前指挥使)。"于是帅率勇士数十人,飞身上屋,一时扑灭。贾虽奸雄,威令必行,亦有快人处。

张岱《大石佛院》诗:

余少爱嬉游,名山恣探讨。泰岳既崔峨,补陀复杳渺。
天竺放光明,齐云集百鸟。活佛与灵神,金身皆藐小。
自到南明山,石佛出云表。食指及拇指,七尺犹未了。
宝石更特殊,当年石工巧。岩石数丈高,止塑一头脑。
量其半截腰,丈六犹嫌少。问佛凡许长,人天不能晓。
但见往来人,盘旋如虮蚤。而我独不然,参禅已列老。
入地而摩天,何在非佛道。色相求如来,巨细皆心造。
我视大佛头,仍然一茎草。

甄龙友《西湖大佛头赞》:

色如黄金,面如满月。尽大地人,只见一橛。

保俶塔

宝石山,高六十三丈,周一十三里。钱武肃王封寿星(山上奇石荟萃,吴越王钱镠封落星石为寿星石,因称宝石山)宝石山,罗隐(唐末五代时期道家学者,五十五岁时归依吴越王钱镠)为之记。其绝顶为宝峰,有保俶塔,一名宝所塔,盖保俶塔也。宋太平兴国元年,吴越王俶(吴越王钱弘俶),闻唐亡(南唐为被宋所灭)而惧,乃与妻孙氏、子惟濬、孙承祐入朝,恐其被留,许造塔以保之。称名,尊天子也。至都,赐礼贤宅以居,赏赉(赏赐)甚厚。留两月遣还,赐一黄袱,封识甚固,戒曰:"途中宜密观。"及启之,则皆群臣乞留俶章疏(臣下向君上进言文书)也,俶甚感惧。既归,造塔以报佛恩。保俶之名,遂误为保叔。不知者遂有"保叔缘何不保夫"之句。

俶为人敬慎,放归后,每视事(就职治事),徙坐东偏,谓左右曰:"西北者,神京在焉,天威不违颜咫尺,俶敢宁居乎!"每修省(修身反省)入贡,焚香而后遣之。未几,以地归宋,封俶为淮海国王。其塔,元至正(元顺帝年号)末毁,僧慧炬重建。明成化间又毁,正德九年僧文镛再建。嘉靖元年又毁,二十二年僧永固再建。隆庆三年大风折其顶,塔

亦渐圮(毁坏坍塌)，万历二十二年重修。其地有寿星石、屯霞石。去寺百步，有看松台，俯临巨壑，凌驾松杪(树梢)，看者惊悸。塔下石壁孤峭，缘壁有精庐(佛寺、僧舍)四五间，为天然图画图。

黄久文《冬日登保俶塔》诗：

当峰一塔微，落木净烟浦。日寒山影瘦，霜泐石棱苦。

山云自悠然，来者适为主。与子欲谈心，松风代吾语。

夏公谨《保俶塔》诗：

客到西湖上，春游尚及时。石门深历险，山阁静凭危。

午寺鸣钟乱，风潮去舫迟。清樽欢不极，醉笔更题诗。

钱思复《保俶塔》诗：

金刹天开画，铁檐风语铃。野云秋共白，江树晚逾青。

凿屋岩藏雨，粘崖石坠星。下看湖上客，歌吹正沉冥。

玛瑙寺

玛瑙坡，在保俶塔西，碎石文莹，质若玛瑙，土人采之，以镌图篆。晋时遂建玛瑙宝胜院，元末毁，明永乐间重建。有僧芳洲，仆夫艺(种植)竹得泉，遂名仆夫泉。山巅有阁，凌空特起(突起)，凭眺最胜，俗称玛瑙山居。寺中有大钟，侈弇(钟口的大小)齐适，舒而远闻，上铸《莲经》七卷，《金刚经》三十二分。昼夜十二时，保(分派)六僧撞之。每撞一声，则《法华》七卷、《金刚》三十二分，字字皆声。吾想法夜闻钟，起人道念(修道的信念)，一至旦昼，无不牿亡(受遏制而消亡)。今于平明(早晨)白昼时听钟声，猛为提醒，大地山河，都为震动，则铿𬭚(声音洪亮)一响，是竟《法华》一转、《般若》一转矣。内典(佛经)云："人间钟鸣未歇际，地狱众生，刑具暂脱此间也。"鼎革(朝政变革或改朝换代)以后，恐寺僧惰慢，不克(能够)如前。

张岱《玛瑙寺长鸣钟》诗：

女娲炼石如炼铜，铸出梵王千斛钟。

仆夫泉清洗刷早，半是顽铜半玛瑙。

锤金琢玉昆吾刀，盘旋钟纽走蒲牢。

十万八千《法华》字，《金刚般若》居其次。

贝叶灵文满背腹，一声撞破莲花狱。

万鬼桁杨暂脱离，不愁漏尽啼荒鸡。

昼夜百刻三千杵，菩萨慈悲泪如雨。

森罗殿前免刑戮，恶鬼狰狞齐退役。

一击渊渊大地惊，青莲字字有潮音。

特为众生解冤结，共听毗卢广长舌。

敢言佛说尽荒唐，劳我阇黎日夜忙。

安得成汤开一面，吉网罗钳都不见。

智果寺

智果寺，旧在孤山，钱武肃王建。宋绍兴（宋高宗年号）间，造四圣观（四圣，一般为天蓬、天猷、翊圣和真武），徙于大佛寺西。先是东坡守黄州，於潜（现属浙江临安）僧道潜（宋代诗僧），号参寥子，自吴来访，东坡梦与赋诗，有"寒食清明都过了，石泉槐火一时新"之句。后七年，东坡守杭，参寥卜居智果，有泉出石罅间。寒食之明日，东坡来访，参寥汲（打水）泉煮茗，适符（符合）所梦。东坡四顾坛墠（坛场，祭祀场所），谓参寥曰："某生平未尝至此，而眼界所视，皆若素（以前）所经历者。自此上忏堂当有九十三级。"数之，果如其言，即谓参寥子曰："某（我）前身寺中僧也，今日寺僧皆吾法属耳，吾死后，当舍身为寺中伽蓝（佛教寺院守护神，亦指拥护佛法之诸天善神）。"参寥遂塑东坡像，供之伽蓝之列，留偈（释家隽永的诗作）壁间，有："金刚开口笑钟楼，楼笑金刚雨打头。直待有邻通一线，两重公案一时修。"后寺破败。崇祯壬申，有扬州茂才（秀才）鲍同德字有邻者，来寓寺中。东坡两次入梦，属（嘱咐）以修寺，鲍辞（婉拒）以"贫士安（怎么能）办此？"公曰："子（你）第（只管）为之，自有助子者。"次日，见壁间偈有"有邻"二字，遂心动立愿，作《西泠记梦》，见人辄出示之。一日至邸（京城），遇维扬（扬州）姚永言（姚思孝，崇祯年间进士，后削发为僧），备言（详说）其梦。座中有粤东谒选（赴吏部应选）进士宋公兆禴者，甚为骇异。次日，宋公筮仕（将要做官，卜问吉凶），遂得仁和（仁和县，在今杭州）。永言怂恿之，宋公力任其艰，寺得再葺（修葺）。时有泉适出寺后，好事者仍名之参寥泉焉。

六贤祠

　　宋时西湖有三贤祠两：其一在孤山竹阁（在浙江杭州孤山附近，今废），三贤者，白乐天（白居易）、林和靖（林逋）、苏东坡（苏轼）也。其一在龙井资圣院，三贤者，赵阅道（宋代文学家赵抃，曾任杭州知府）、僧辨才（宋代僧人元净）、苏东坡也。宝庆（南宋理宗年号）间，袁樵（临安知府）移竹阁三贤祠于苏公堤，建亭馆以沽官酒（官酿官卖的酒）。或题诗云："和靖东坡白乐天，三人秋菊荐寒泉。而今满面生尘土，欲与袁樵趁酒钱。"又据陈眉公（陈继儒，晚明名士）笔记，钱塘有水仙王庙，林和靖祠堂近之。东坡先生以和靖清节映世（清廉高洁光辉照世），遂移神像配食（合祭）水仙王。黄山谷（北宋诗人黄庭坚）有《水仙花》诗用此事："钱塘昔闻水仙庙，荆州今见水仙花。暗香靓色撩诗句，宜在孤山处士家。"则宋时所祀，止（只）和靖一人。明正德三年，郡守杨孟瑛（杭州知府）重浚（疏浚）西湖，立四贤祠以祀李邺侯（唐朝李泌，官至宰相，封邺县侯，世称李邺侯）、白、苏、林四人，杭人益以杨公，称五贤。而后乃祧（迁去神主）杨公，增祀周公维新（周新，号称"冷面寒铁"）、王公弇州（明代文学家、史学家王世贞），称六贤祠。张公亮（明代文学家张明弼）曰："湖上之祠，宜以久居其地，与风流标令（俊美）为山水深契（非常契合）者，乃列之。周公冷面，且为神明，有别祠矣。弇州文人，与湖非久要（长久的交情），今并四公而坐，恐难熟热也。"人服其确论。

　　张明弼《六贤祠》诗：

山川亦自有声气,西湖不易与人热。

五日京兆王弇州,冷面臬司号寒铁。

原与湖山非久要,心胸不复留风月。

犹议当时李邺侯,西泠尚未通舟楫。

惟有林苏白乐天,真与烟霞相接纳。

风流俎豆自千秋,松风菊露梅花雪。

西泠桥

西泠桥(位于西霞岭麓到孤山之间,是一座古色古香的环洞石拱桥)一名西陵,或曰即苏小小结同心处也(南齐才妓苏小小在白堤遇到一个叫阮郁的青年,骑着马从断桥缓缓而来。两人一见倾心。苏小小就吟了一首诗:"妾乘油壁车,郎跨青骢马。何处结同心?西陵松柏下。")。及见方子公(方文僎,明代文人)诗有云:"数声渔笛知何处,疑在西泠第一桥。"陵作泠,苏小恐误。余曰:"管不得,只西陵便好。且白公断桥诗'柳色青藏苏小家',断桥去此不远,岂不可借作西泠故实耶!"昔赵王孙孟坚子固(南宋画家赵孟坚,为宋宗室,因称"王孙"),常客武林,值菖蒲节(端午节),周公谨(南宋词人周密)同好事者邀子固游西湖。酒酣,子固脱帽,以酒晞发(晒干头发,这里指洗发),箕踞(不拘礼节,张开两腿席地而坐)歌《离骚》,旁若无人。薄暮入西泠桥,掠孤山,舣舟茂树间,指林麓最幽处,瞪目叫曰:"此真洪谷子(五代著名画家荆浩)、董北苑(五代南唐画家董源,南派山水画开山鼻祖)得意笔也。"邻舟数十,皆惊骇绝叹,以为真谪仙人(神仙)。得山水之趣味者,东坡之后,复见此人。

袁宏道《西泠桥》诗:

西泠桥,水长在。松叶细如针,不肯结罗带。

莺如衫,燕如钗,油壁车,砍为苏小小柴,青骢马,自西来。

昨日树头花,今日陌上土。恨血与啼魂,一半逐风雨。

又《桃花雨》诗:

浅碧深红大半残，恶风催雨剪刀寒。

桃花不比杭州女，洗却胭脂不耐看。

李流芳《西泠桥题画》：

余尝为孟旸题扇："多宝峰头石欲摧，西泠桥边树不开。轻烟薄雾斜阳下，曾泛扁舟小筑来。"西泠桥树色，真使人可念，桥亦自有古色。近闻且改筑，当无复旧观矣！对此怅然。

岳王坟

岳鄂王（岳飞，死后追封鄂王）死，狱卒隗顺（南宋首都临安的狱卒，因掩藏民族英雄岳飞的遗骨而闻名于世）负其尸，逾城至北山以葬。后朝廷购求（悬赏征求）葬处，顺之子以告。及启棺如生（好像活着），乃以礼服殓焉。隗顺，史失载。今之得以崇封祀享（享受高规格的封号和祭祀），胗蠁千秋（神灵感念，流芳百世），皆顺力也。倪太史元璐（明末书画家，官至礼部尚书，以忠烈抗阉著名）曰："岳王祠，泥范（泥塑的）忠武，铁铸桧、卨，人之欲不朽桧、卨也，甚于忠武。"按（查考）公之改谥忠武（岳飞死后追谥武穆，后又追谥忠武，封鄂王），自隆庆（岳飞追谥应在宋孝宗隆兴年间，隆庆为明穆宗年号）四年。墓前之有秦桧、王氏（秦桧妻）、万俟卨（依附秦桧，任监察御史、右正言，秉承桧意弹劾岳飞，主治岳飞之狱，致使岳飞父子和张宪等被害，后与秦桧争权，被罢黜）三像，始于正德（明武宗年号）八年，指挥李隆以铜铸之，旋（不久）为游人挞（用鞭子或棍子打）碎。后增张俊（南宋中兴四大名将之一，后追随秦桧，陷害岳飞）一像。四人反接（反绑两手），跪于丹墀（祠庙的台阶）。自万历二十六年，按察司副使范涞（时任浙江按察司副使，提典刑狱）易之以铁，游人椎击益狠，四首齐落，而下体为乱石所掷，止露肩背。旁墓为银瓶小姐（岳银瓶之名不见于《宋史·岳飞传》，《说岳全传》提及岳飞次女闻父兄冤死，欲为他们鸣冤不果，抱银瓶投井而死，终年13岁，世称"银瓶小姐"）。王被害，其女抱银瓶坠井中死。杨铁崖（元末明初著名诗人、文学家、书画家和戏曲家杨维桢，字廉夫，号铁崖）乐

府曰："岳家父，国之城；秦家奴，城之倾。皇天不灵，杀我父与兄。嗟我银瓶为我父，缇萦（汉代孝女，自愿入身为婢为父赎罪）生不赎父死，不如无生。千尺井，一尺瓶，瓶中之水精卫鸣。"墓前有分尸桧。天顺（明英宗年号）八年，杭州同知马伟锯而植之，首尾分处，以示磔（古代酷刑车裂）桧状。隆庆五年，大雷击折之。朱太史之俊曰："一秦桧耳，铁首木心，俱不能保至此。"天启（明熹宗年号）丁卯，浙抚造祠媚珰（建造生祠向魏忠贤献媚），穷工极巧，徙苏堤第一桥于百步之外，数日立成，骇其神速。崇祯改元，魏珰败，毁其祠，议以木石修王庙。卜之王，王弗许。

岳云，王之养子（一说为岳飞的嫡长子），年十二从张宪战，得其力，大捷，号曰"赢官人"，军中皆呼焉。手握两铁锤，重八十斤。王征伐，未尝不与，每立奇功，王辄隐之。官至左武大夫、忠州防御使。死年二十二，赠安远军承宣使。所用铁锤犹存。

张宪为王部将，屡立战功。绍兴十年，兀术（金朝名将、开国功臣完颜宗弼，金太祖完颜阿骨打第四子）屯兵临颍，宪破其兵，追奔十五里，中原大振。秦桧主和，班师。桧与张俊谋杀岳飞，诱飞部曲（部下）能告飞事者，卒（最终）无人应。张俊锻炼（拷打折磨）宪，被掠无完肤，强辩不伏，卒以冤死。景定（宋理宗年号）二年，追封烈文侯。正德十二年，布衣王大祐发地得碣石，乃崇封焉。郡守梁材建庙，修撰（翰林院修撰）唐皋记之。

牛皋（南宋抗金名将，岳家军的常胜将军。岳飞被害后，因始终反对宋金议和，被秦桧害死）墓在栖霞岭上。皋字伯远，汝州人，岳鄂王部将，素立战功。秦桧惧其怨己，一日大会众军士，置毒害之。皋将死，叹曰："吾年近六十，官至侍从郎，一死何恨（遗憾），但恨和议一成，国家日削。大丈夫不能以马革裹尸报君父，是为叹耳！"

张景元《岳坟小记》：

岳少保坟祠，祠南向，旧在阛阓。孙中贵为买民居，开道临湖，殊惬大观。祠右衣冠葬焉。石门华表，形制不巨，雅有古色。

周诗《岳王坟》诗：

将军埋骨处，过客式英风。北伐生前烈，南枝死后忠。
干戈戎马异，涕泪古今同。目断封丘上，苍苍夕照中。
高启《岳王坟》诗：
大树无枝向北风，千年遗恨泣英雄。
班师诏已成三殿，射虏书犹说两宫。
每忆上方谁请剑，空嗟高庙自藏弓。
栖霞岭上今回首，不见诸陵白雾中。
唐顺之《岳王坟》诗：
国耻犹未雪，身危亦自甘。九原人不返，万壑气长寒。
岂恨藏弓早，终知借剑难。吾生非壮士，于此发冲冠。
蔡汝南《岳王墓》诗：
谁将三字狱，堕此一长城。北望真堪泪，南枝空自荣。
国随身共尽，君恃相为生。落日松风起，犹闻剑戟鸣。
王世贞《岳坟》诗：
落日松杉覆古碑，英风飒飒动灵祠。
空传赤帝中兴诏，自折黄龙大将旗。
三殿有人朝北极，六陵无树对南枝。
莫将乌喙论勾践，鸟尽弓藏也不悲。
徐渭《岳坟》诗：
墓门惨淡碧湖中，丹艧朱扉射水红。
四海龙蛇寒食后，六陵风雨大江东。
英雄几夜乾坤博，忠孝传家俎豆同。
肠断两宫终朔雪，年年麦饭隔春风。
张岱《岳王坟》诗：
西泠烟雨岳王宫，鬼气阴森碧树丛。
函谷金人长堕泪，昭陵石马自嘶风。
半天雷电金牌冷，一族风波夜壑红。
泥塑岳侯铁铸桧，只令千载骂奸雄。

董其昌《岳坟柱对》：

南人归南，北人归北，小朝廷岂求活耶。

孝子死孝，忠臣死忠，大丈夫当如是矣。

张岱《岳坟柱铭》：

呼天悲铁像，此冤未雪，常闻石马哭昭陵。

拓地饮黄龙，厥志当酬，尚见泥兵湿蒋庙。

紫云洞

紫云洞在烟霞岭（应为栖霞岭）右。其地怪石苍翠，劈空开裂，山顶层层，如厦屋（大屋）天构。贾似道命工疏剔（清理剔除）建庵，刻大士（菩萨）像于其上。双石相倚为门，清风时来，谽谺（山谷空旷，山石险峻）透出，久坐使人寒栗。又有一坎突出洞中，蓄水澄洁，莫测其底。洞下有懒云窝，四山围合，竹木掩映，结庵其中。名贤游览至此，每有遗世（超脱尘世）之思。洞旁一壑幽深，昔人凿石，闻金鼓声而止，遂名"金鼓洞"。洞下有泉，曰"白沙"。好事者取以瀹茗（煮茶），与虎跑齐名。

王思任诗：

笋舆幽讨遍，大壑气沉沉。山叶逢秋醉，溪声入午暗。

是泉从竹护，无石不云深。沁骨凉风至，僧寮絮碧阴。

卷二　西湖西路

【导读】

　　此卷有十二篇,包括《玉泉寺》《集庆寺》《飞来峰》《冷泉亭》《灵隐寺》《北高峰》《韬光庵》《岣嵝山房》《青莲山房》《呼猿洞》《三生石》《上天竺》,写的是现在灵隐景区一带。此卷写到多处寺庙,以历史掌故记录各处特征。动情之处不少,比如《灵隐寺》,写具德和尚重修寺院,那三大铜锅、千人送米,震撼于规模宏大、施主热情。《呼猿洞》和尚与灵猿心灵相应,似与生公讲法,顽石点头相媲美。《韬光庵》宋之问索句,骆宾王显身,两代诗人因诗而聚首,让人唏嘘。《三生石》引东坡《圆泽传》故事,良善孝顺之心之行感人。《冷泉亭》最为"西湖幽赏"处,是"总记"中赏湖"三馀"的极佳注释。而《飞来峰》一篇写得最为动情。飞来峰奇异美怪如"米颠袖中一块奇石",却被杨髡"遍体俱凿佛像,罗汉世尊,栉比皆是","如西子以花艳之肤,莹白之体,刺作台池鸟兽,乃以黔墨涂之也。奇格天成,妄遭锥凿,思之骨痛。翻恨其不匿影西方,轻出灵鹫,受人戮辱;亦犹士君子生不逢时,不束身隐遁,以才华杰出,反受摧残",作者甚至责怪飞来峰,你为何要飞来此地! 写到真谛和尚奋击杨髡,畅快淋漓,"洵

为山灵吐气"！不仅如此，在《岣嵝山房》中，又录入《陶庵梦忆》中所记"岣嵝山房"全文，写自己锤击杨髠像之壮举，可见作者对杨髠之流的痛恨。

玉泉寺

玉泉寺为故净空院。南齐建元中，僧昙起（南朝高僧）说法于此，龙王来听，为之抚掌出泉，遂建龙王祠。晋天福（后晋高祖年号）三年，始建净空院于泉左。宋理宗书"玉泉净空院"额。祠前有池亩许，泉白如玉，水望澄明，渊无潜甲。中有五色鱼百馀尾，投以饼饵，则奋鬐鼓鬣，攫夺盘旋，大有情致。泉底有孔，出气如橐籥（冶炼时用以鼓风吹火的风箱），是即神龙泉穴。又有细雨泉，晴天水面如雨点，不解其故。泉出可溉田四千亩。近者曰鲍家田，吴越王相鲍庆臣采地也。万历二十八年，司礼孙东瀛于池畔改建大士楼居。春时，游人甚众，各携果饵到寺观鱼，喂饲之多，鱼皆餍饫（饱足），较之放生池，则侏儒饱欲死（喻小人得志而贤才受屈，这里指池中鱼饱食）矣。

道隐《玉泉寺》诗：
在昔南齐时，说法有昙起。天花堕碧空，神龙听法语。
抚掌一赞叹，出泉成白乳。澄洁更空明，寒凉却酷暑。
石破起冬雷，天惊逗秋雨。如何烈日中，水纹如碎羽。
言有橐籥声，气孔在泉底。内多海大鱼，狰狞数百尾。
饼饵骤然投，要遮全振旅。见食即忘生，无怪盗贼聚。

集庆寺

九里松，唐刺史袁仁（唐开元年间杭州刺史）敬植。松以达天竺（山峰名、寺名。杭州灵隐山飞来峰南），凡九里，左右各三行，每行相去八九尺。苍翠夹道，藤萝冒塗（笼罩了道路），走其下者，人面皆绿。行里许，有集庆寺，乃宋理宗所爱阎妃功德院也。淳祐（宋理宗年号）十一年建造。阎妃，鄞县人，以妖艳专宠后宫。寺额皆御书，巧丽冠于诸刹。经始（开始营建）时，望青采斫（砍伐），勋旧（有功勋的旧臣，这里应指古树林木）不保，鞭笞追逮，扰及鸡豚（猪）。时有人书法堂鼓（在公堂的鼓上书写）云：“净慈灵隐三天竺，不及阎妃好面皮。”理宗深恨之，大索不得。此寺至今有理宗御容两轴。六陵既掘，冬青不生，而帝之遗像竟托阎妃之面皮以存，何可轻诮（鄙视讥诮）也。元季（元朝末年）毁，明洪武二十七年重建。

张京元《九里松小记》：

九里松者，仅见一株两株，如飞龙劈空，雄古奇伟。想当年，万绿参天，松风声壮于钱塘潮，今已化为乌有。更千百岁，桑田沧海，恐北高峰头有螺蚌壳矣，安问树有无哉！

陈玄晖《集庆寺》诗：

玉钩斜内一阎妃，姓氏犹传真足奇。

宫嫔若非能佞佛，御容焉得在招提。

布地黄金出紫薇，官家不若一阎妃。

江南赋税凭谁用，日纵平章恣水嬉。

开荒筑土建坛堨，功德巍峨在石碑。

集庆犹存宫殿毁，面皮真个属阎妃。

昔日曾传九里松，后闻建寺一朝空。

放生自出罗禽鸟，听信阇黎说有功。

飞来峰

飞来峰，棱层剔透，嵌空玲珑，是米颠（宋代书画家米芾）袖中一块奇石。使有石癖者见之，必具袍笏（朝服和笏板，这里指穿上官服正装）下

拜，不敢以称谓简亵（怠慢不恭），只以石丈（米芾痴迷于石，拜石，呼立石为"石丈"）呼之也。深恨杨髡（杨琏真伽，番僧，曾任元朝江南释教都总统，掌江南佛教事务。是元朝赴江南去汉化的急先锋，盗挖钱塘、绍兴之南宋皇陵，盗宝弃骨于野），遍体俱凿佛像，罗汉世尊，栉比皆是。如西子以花艳之肤，莹白之体，刺作台池鸟兽，乃以黔墨涂之也。奇格天成（指自然生成高古玲珑的峰石），妄遭锥凿，思之骨痛。翻（反而）恨其（飞来峰）不匿影西方，轻出灵鹫（佛教圣地灵山鹫峰），受人戮辱；亦犹士君子生不逢时，不束身隐遁，以才华杰出，反受摧残，郭璞（东晋学者，好方术，因阻王敦谋反被杀）、祢衡（东晋文人，恃才傲物，羞辱曹操，冲撞黄祖，被杀）并受此惨矣。慧理（晋代时西印度僧人，灵隐等寺的建造者）一叹，谓其何事飞来，盖痛之也，亦惜之也。且杨髡沿溪所刻罗汉，皆貌己像（按自己的相貌开相），骑狮骑象，侍女皆裸体献花，不一而足。田公汝成（明代文人，官至礼部主事，罢官后归故里，遍览浙西名胜）锥碎其一；余少年读书岣嵝（岣嵝山房），亦碎其一。闻杨髡当日住德藏寺，专发（开挖）古冢，喜与僵尸淫媾。知寺后有来提举夫人与陆左丞化女，皆以色夭（因色而亡），用水银灌殓。杨命发其冢。有僧真谛者，性骇（呆傻）戆，为寺中樵汲（打柴汲水），闻之大怒，嘅呼诟谇（大声呼喊诟骂）。主僧（当家的和尚）惧祸，锁禁之。及五鼓，杨髡起，趣（催促）众发掘，真谛逾垣（越墙）而出，抽韦驮（佛教护法神）木杵，奋击杨髡，裂其脑盖。从人（随从）救护，无不被伤。但见真谛于众中跳跃，每逾寻丈（八尺到一丈），若隼撇（鹰击）虎腾，飞捷非人力可到。一时灯炬皆灭，镵锄畚插都被毁坏。杨髡大惧，谓是韦驮显圣，不敢往发，率众遽去，亦不敢问。此僧也，洵（实在是）为山灵吐气。

袁宏道《飞来峰小记》：

湖上诸峰，当以飞来为第一。峰石逾数十丈，而苍翠玉立。渴虎奔猊（狮子），不足为（不足以表现）其怒也；神呼鬼立，不足为其怪也；秋水暮烟，不足为其色也；颠书吴画（米芾的字、吴道子的画），不足为其变幻诘曲（曲折）也。石上多异木，不假土壤，根生石外。前后大小洞四五,窈窕通明,溜乳作花（石钟乳形成的花纹）,若刻若镂。壁间佛像,皆杨秃所为,如美人面上瘢痕,奇丑可厌。余前后登飞来者五：初次与黄道元、方子公同登,单衫短后（后幅较短的上衣,便于活动,多为武士之衣）,直穷莲花峰顶。每遇一石,无不发狂大叫。次与王闻溪同登；次为陶石篑、周海宁；次为王静虚、陶石篑兄弟；次为鲁休宁。每游一次,辄思作一诗,卒不可得。

又《戏题飞来峰》诗：

试问飞来峰,未飞在何处。人世多少尘,何事飞不去。
高古而鲜妍,杨班不能赋。白玉簇其颠,青莲借其色。
惟有虚空心,一片描不得。平生梅道人,丹青如不识。

张岱《飞来峰》诗：

石原无此理,变幻自成形。天巧疑经凿,神功不受型。
搜空或洴水,开辟必雷霆。应悔轻飞至,无端遭巨灵。
石意犹思动,蹲跲势若撑。鬼工穿曲折,儿戏矹珑玲。
深入营三窟,蛮开倩五丁。飞来或飞去,防尔为身轻。

冷泉亭

冷泉亭在灵隐寺山门之左。丹垣（红墙）绿树,翳映阴森。亭对峭壁,一泓冷然（清凉）,凄清入耳。亭后西栗（相传僧人慧理从天竺带并种植来的树木）十馀株,大皆合抱,冷飔暗樾（冷风树荫）,遍体清凉。秋初栗熟,大若樱桃,破苞食之,色如蜜珀,香若莲房。天启甲子,余读书峒嵝山房,寺僧取作清供。余谓鸡头（芡实,俗称"鸡头米"）实无其松脆,鲜胡桃逊其甘芳也。夏月乘凉,移枕簟（竹席）就亭中卧月,涧流淙淙,丝竹并作。张公亮听此水声,吟林丹山（南宋诗人林稹）诗："流向西湖载歌舞,回头不似在山时。"言此水声带金石,已先作歌舞矣,不入西湖安入乎！余尝谓住西湖之人,无人不带歌舞,无山不带歌舞,无水不带歌舞,脂粉纨绮,即村妇山僧,亦所不免。因忆眉公之言曰："西湖有名

山，无处士；有古刹，无高僧；有红粉，无佳人；有花朝，无月夕。"曹娥雪（晚明文人曹勋）亦有诗嘲之曰："烧鹅羊肉石灰汤，先到湖心次（参拜）岳王。斜日未曛（昏暗）客未醉，齐抛明月进钱塘（指杭州城）。"余在西湖，多在湖船作寓，夜夜见湖上之月。而今又避嚣灵隐，夜坐冷泉亭，又夜夜对山间之月，何福消受。余故谓西湖幽赏，无过东坡，亦未免遇夜入城。而深山清寂，皓月空明，枕石漱流，卧醒花影，除林和靖（林逋）、李峋嵝（明代文人李茇，号峋嵝，峋嵝山房主人）之外，亦不见有多人矣。即慧理（晋代时西印度僧人，灵隐等寺的建造者）、宾王（唐代诗人骆宾王），亦不许其同在卧次（旁边）。

袁宏道《冷泉亭小记》：

灵隐寺在北高峰下，寺最奇胜，门景尤好。由飞来峰至冷泉亭一带，涧水溜玉，画壁流青，是山之极胜处。亭在山门外，尝读乐天记有云："亭在山下水中，寺西南隅，高不倍寻，广不累丈，撮奇搜胜，物无遁形。春之日，草薰木欣，可以导和纳粹（吸纳新鲜空气、自然精华）；夏之日，风泠泉渟（水深而积聚），可以蠲烦析酲（消除烦恼解酒提神）。山树为盖，岩谷为屏，云从栋出，水与阶平。坐而玩之，可濯足于床下；卧而狎之，可垂钓于枕上。潺湲（流水）洁澈，甘粹柔滑，眼目之嚣，心舌之垢，不待盥涤，见辄除去。"观此记，亭当在水中，今依涧而立。涧阔不丈馀，无可置亭者。然则冷泉之景，比旧盖减十分之七矣。

灵隐寺

明季（明朝末代）昭庆寺火，未几（没多久）而灵隐寺火，未几而上天竺又火，三大寺相继而毁。是时唯具德和尚（作者族弟张弘礼，字具德）为灵隐住持，不数年，而灵隐早成。盖灵隐自晋咸和（东晋成帝年号）元年，僧慧理建，山门匾曰"景胜觉场"，相传葛洪（东晋道教学者抱朴子）所书。寺有石塔四，钱武肃王所建。宋景德四年，改景德灵隐禅寺，元至正三年毁。明洪武初再建，改灵隐寺。宣德七年，僧昙赞

建山门，良玠建大殿。殿中有拜石，长丈馀，有花卉鳞甲之文，工巧如画。正统十一年，玹理建直指堂，堂额为张即之（南宋书法家）所书，隆庆三年毁。万历十二年，僧如通重建；二十八年司礼监孙隆重修，至崇祯十三年又毁。具和尚查如通旧籍，所费八万，今计工料当倍之。具和尚惨淡经营，咄嗟立办。其因缘之大，恐莲池（明代高僧）金粟（维摩诘大师），所不能逮也。具和尚为余族弟，丁酉岁，余往候之，则大殿、方丈尚未起工，然东边一带，闳阁（幽静的楼阁）精蓝（僧舍，称"僧迦蓝摩"）凡九进，客房僧舍百什馀间，棐（榧）几藤床，铺陈器皿，皆不移而具（很快置齐）。香积厨（寺院厨房）中，初铸三大铜锅，锅中煮米三担，可食千人。具和尚指锅示余曰："此弟十馀年来所挣家计也。饭僧之众，亦诸刹所无。"午间方陪余斋，见有沙弥持赫蹄（用来书写的小幅绢帛，后为纸的别称）送看，不知何事，第（只是）对沙弥曰："命库头开仓。"沙弥去。及余饭后出寺门，见有千馀人蜂拥而来，肩上担米，顷刻上廪（米仓），斗斛无声，忽然竟去。余问和尚，和尚曰："此丹阳施主某，岁致米五百担，水脚挑钱，纤悉（细致详尽）自备，不许饮常住（寺院拥有的房舍、天地、物品）勺水，七年于此矣。"余为嗟叹。因问大殿何时可成，和尚对以："明年六月，为弟六十，法子万人，人馈十金，可得十万，则吾事济矣。"逾三年而大殿、方丈俱落成焉。余作诗以记其盛。

张岱《寿具和尚并贺大殿落成》诗：
飞来石上白猿立，石自呼猿猿应石。
具德和尚行脚来，山鬼啾啾寺前泣。
生公叱石同叱羊，沙飞石走山奔忙。
驱使万灵皆辟易，火龙为之开洪荒。
正德初年有簿对，八万今当增一倍。
谈笑之间事已成，和尚功德可思议。
黄金大地破悭贪，聚米成丘粟若山。
万人团簇如蜂蚁，和尚植杖意自闲。

余见催科只数贯，县官敲扑加锻炼。
白粮升合尚怒呼，如坻如京不盈半。
忆昔访师坐法堂，赫蹄数寸来丹阳。
和尚声色不易动，第令侍者开仓场。
去不移时阶皂乱，白粲驮来五百担。
上仓斗斛寂无声，千百人夫顷刻散。
米不追呼人不系，送到座前犹屏气。
公侯福德将相才，罗汉神通菩萨慧。
如此工程非戏谑，向师颂之师不诺。
但言佛自有因缘，老僧只怕因果错。
余自闻言请受记，阿难本是如来弟。
与师同住五百年，挟取飞来复飞去。
张祜《灵隐寺》诗：
峰峦开一掌，朱槛几环延。佛地花分界，僧房竹引泉。
五更楼下月，十里郭中烟。后塔耸亭后，前山横阁前。
溪沙涵水静，洞石点苔鲜。好是呼猿父，西岩深响连。
贾岛《灵隐寺》诗：
峰前峰后寺新秋，绝顶高窗见沃洲。
人在定中闻蟋蟀，鹤于栖处挂猕猴。
山钟夜度空江水，汀月寒生古石楼。
心欲悬帆身未逸，谢公此地昔曾游。
周诗《灵隐寺》诗：
灵隐何年寺，青山向此开。涧流原不断，峰石自飞来。
树覆空王苑，花藏大士台。探冥有玄度，莫遣夕阳催。

北高峰

北高峰在灵隐寺后，石磴数百级，曲折三十六湾。上有华光庙，以

祀五圣（五个圣人：神农、尧、舜、禹、汤）。山半有马明王（蚕神，又称马头娘）庙，春日祈蚕者咸（都）往焉。峰顶浮屠七级，唐天宝（唐玄宗年号）中建，会昌（唐武宗年号）中毁；钱武肃王修复之，宋咸淳（宋度宗年号）七年复毁。此地群山屏绕，湖水镜涵（像镜子一样映照万物），由上视下，歌舫渔舟，若鸥凫出没，烟波远而益微，仅觌（显现）其影。西望罗刹江（钱塘江），若匹练新濯，遥接海色，茫茫无际。张公亮（明代文学家张明弼）有句："江气白分海气合，吴山青尽越山来。"诗中有画。郡城正值江湖之间，委蛇曲折，左右映带，屋宇鳞次，竹木云蓊，郁郁葱葱，凤舞龙盘，真有王气蓬勃。山麓有无着禅师塔。师名文喜，唐肃宗时人也，瘗（埋葬）骨于此。韩侂胄（南宋宁宗朝宰相，曾力主收复中原，兵败求和，被南宋朝廷杀害）取为葬地，启其塔，有陶龛焉。容色如生（活的），发垂至肩，指爪盘屈绕身，舍利数百粒，三日不坏，竟荼毗（僧人死后焚化尸体）之。

苏轼《游灵隐高峰塔》诗：

言游高峰塔，蓐食始野装。火云秋未衰，及此初旦凉。

雾霏岩谷暗，日出草木香。嘉我同来人，又便云水乡。

相劝小举足，前路高且长。古松攀龙蛇，怪石坐牛羊。

渐闻钟磬音，飞鸟皆下翔。入门空无有，云海浩茫茫。

惟见聋道人，老病时绝粮。问年笑不答，但指穴梨床。

心知不复来，欲归更彷徨。赠别留匹布，今岁天早霜。

韬光庵

韬光庵在灵隐寺右之半山，韬光禅师建。师，蜀人，唐太宗时，辞其师出游，师嘱之曰："遇天可留，逢巢即止。"师游灵隐山巢沟坞，值白乐天守郡（白居易做郡守，白居易是中唐人，非唐太宗时人，此事应为传说），悟曰："吾师命之矣。"遂卓锡（僧人居留）焉。乐天闻之，遂与为友，题其堂曰"法安"。内有金莲池、烹茗井，壁间有赵阅道、苏子瞻（苏东坡字子瞻）题名。庵之右为吕纯阳（吕洞宾）殿，万历十二年建，参政郭子章（曾

卷二 西湖西路

139

任浙江参政)为之记。骆宾王(初唐诗人)亡命为僧,匿迹寺中。宋之问(唐代诗人)自谪所还至江南,偶宿于此。夜月极明,之问在长廊索句,吟曰:"鹫岭郁岧峣(山高峻的样子),龙宫(寺院)锁寂寥。"后句未属,思索良苦。有老僧点长明灯,问曰:"少年夜不寐,而吟讽甚苦,何耶?"之问曰:"适欲题此寺,得上联而下句不属。"僧请吟上句,宋诵之。老僧曰:"何不云'楼观沧海日,门对浙江潮'?"之问愕然,讶其遒丽(遒劲清丽),遂续终篇(续写完篇)。迟明(黎明)访之,老僧不复见矣。有知者曰:此骆宾王也。

袁宏道《韬光庵小记》:

韬光在山之腰,出灵隐后一二里,径甚可爱。古木婆娑,草香泉渍,淙淙之声,四分五络,达于山厨。庵内望钱塘江,浪纹可数。余始入灵隐,疑宋之问诗不似,意古人取景,或亦如近代词客,捃拾(收集)帮凑。及登韬光,始知"沧海"、"浙江"、"扪萝"(攀援葛藤)、"刳(剖凿)木"数语,字字入画,古人真不可及。已宿韬光之次日,余与石篑、子公同登北高峰,绝顶而下。

张京元《韬光庵小记》:

韬光庵在灵鹫后,鸟道蛇盘,一步一喘。至庵,入坐一小室,峭壁如削,泉出石罅(石缝),汇为池,蓄金鱼数头。低窗曲槛,相向啜茗(喝茶),真有武陵世外(世外桃源)之想。

萧士玮《韬光庵小记》:

初二,雨中上韬光庵。雾树相引,风烟披薄,木末飞流,江悬海挂。倦时踞石而坐,倚竹而息。大都山之姿态,得树而妍;山之骨格,得石而苍;山之营卫(血脉生机),得水而活;惟韬光道中,能全有之。初至灵隐,求所谓"楼观沧海日,门对浙江潮",竟无所有。至韬光,了了(清楚明白)在吾目中矣。白太傅碑可读,雨中泉可听,恨僧少可语耳。枕上沸波,竟夜不息,视听幽独,喧极反寂。益信声无哀乐(音乐本无哀乐之别,全在于人有感而发)也。

受肇和《自韬光登北高峰》诗:

高峰千仞玉嶙峋，石磴攀跻翠蔼分。

一路松风长带雨，半空岚气自成云。

上方楼阁参差见，下界笙歌远近闻。

谁似当年苏内翰，登临处处有遗文。

白居易《招韬光禅师》诗：

白屋炊香饭，荤膻不入家。滤泉澄葛粉，洗手摘藤花。

青菜除黄叶，红姜带紫芽。命师相伴食，斋罢一瓯茶。

韬光禅师《答白太守》诗：

山僧野性爱林泉，每向岩阿倚石眠。

不解栽松陪玉勒，惟能引水种青莲。

白云乍可来青嶂，明月难教下碧天。

城市不能飞锡至，恐妨莺啭翠楼前。

杨蟠《韬光庵》诗：

寂寂阶前草，春深鹿自耕。老僧垂白发，山下不知名。

王思任《韬光庵》诗：

云老天穷结数楹，涛呼万壑尽松声。

鸟来佛座施花去，泉入僧厨漉菜行。

一捺断山流海气，半株残塔插湖明。

灵峰占绝杭州妙，输与韬光得隐名。

又《韬光涧道》诗：

灵隐入孤峰，庵庐叠翠重。僧泉交竹驿，仙屋破云封。

绿暗天俱贵，幽寒月不浓。涧桥秋倚处，忽一响山钟。

岣嵝山房

李茇号岣嵝，武林人，住灵隐韬光山下。造山房数楹，尽驾回溪绝壑之上。溪声淙淙出阁下，高厓插天，古木荟蔚，人有幽致。山人居此，孑然一身。好诗，与天池徐渭（明代著名画家）友善。客至，则呼僮

驾小舫,荡桨于西泠断桥之间,笑咏竟日。以山石自礧(垒)生圹(生前预造的坟墓),死即埋之(东晋刘伶的典故)。所著有《岣嵝山人诗集》四卷。天启甲子,余与赵介臣(赵继抃,清初起义被俘,不屈而死)、陈章侯(明末画家陈洪绶)、颜叙伯(明遗民,入清后隐居)、卓珂月(卓人月)、余弟平子(张平子,作者胞弟)读书其中。主僧自超,园蔬山薪(蔬菜的总称),淡薄凄清。但恨名利之心未净,未免唐突山灵,至今犹有愧色。

张岱《岣嵝山房小记》(见《陶庵梦忆·岣嵝山房》):

岣嵝山房(作者朋友李菱号岣嵝,在灵隐韬光山筑建山房,作者与友人曾读书其中。岣嵝,山巅),逼(靠近)山、逼溪、逼韬光路,故无径不梁,无屋不阁。门外苍松傲睨,蓊以杂木,冷绿万顷,人面俱失。石桥低磴,可坐十人。寺僧刳(劈)竹引泉,桥下交交牙牙(错杂),皆为竹节。天启甲子(天启四年),余键户(闭门不出)其中者七阅月(过了七个月),耳饱溪声,目饱清樾。山上下多西栗、鞭笋,甘芳无比。邻人以山房为市,蓏果(瓜果)、羽族(禽类)日致之,而独无鱼。乃潴溪为壑(拦溪蓄水为坑),系(放养)巨鱼数十头。有客至,辄取鱼给鲜。日晡(申时,下午三点至五点)必出,步冷泉亭、包园、飞来峰。一日,缘溪走看佛像,口口骂杨髡(杨琏真伽,元朝江南释教都总统,掌江南佛教事务。是元朝赴江南去汉化的急先锋,盗挖钱塘、绍兴之南宋皇陵,盗宝弃骨于野)。见一波斯(伊朗,这里泛指中东地区)坐龙象,蛮女(胡女)四五献花果,皆裸形,勒石志之,乃真伽(杨髡)像也。余椎(锤,敲打)落其首,并碎诸蛮女,置溺溲(撒尿)处以报之。寺僧以余为椎佛(以为我捶打佛像)也,咄咄作怪事,及知为杨髡,皆欢喜赞叹。

徐渭《访李岣嵝山人》诗:

岣嵝诗客学全真,半日深山说鬼神。

送到涧声无响处,归来明月满前津。

七年火宅三车客,十里荷花两桨人。

两岸鸥凫仍似昨,就中应有旧相亲。

王思任《岣嵝僧舍》诗:

乱苔膏古荫，惨绿蔽新芊。鸟语皆番异，泉心即佛禅。
买山应较尺，赊月敢辞钱。多少清凉界，幽僧抱竹眠。

青莲山房

青莲山房，为涵所包公(包应登，曾任福建提学副使)之别墅也。山房
多修竹古梅，倚莲花峰(与飞来峰相近，形如散开莲花)，跨曲洞，深岩峭
壁，掩映林麓间。公有泉石之癖，日涉成趣。台榭之美，冠绝一时。外
以石屑砌坛，柴根编户(门)，富贵之中，又着草野。正如小李将军(唐代
画家李昭道，其父曾任武卫大将军)作丹青界画，楼台细画，虽竹篱茆舍
(茅舍)，无非金碧辉煌也。曲房密室，皆储偫(储备)美人，行其中者，至
今犹有香艳。当时皆珠翠团簇，锦绣堆成。一室之中，宛转曲折，环绕
盘旋，不能即出。主人于此，精思巧构，大类迷楼(相传隋炀帝所建扬州
迷楼，门户百千，房廊迂回)。而后人欲如包公之声伎满前，则亦两浙荐
绅(有官职或做过官的人)先生所绝无者也。今虽数易其主，而过其门者
必曰"包氏北庄"。

陈继儒《青莲山房》诗：
造园华丽极，反欲学村庄。编户留柴叶，磊坛带石霜。
梅根常塞路，溪水直穿房。觅主无从入，装回走曲廊。
主人无俗态，筑圃见文心。竹暗常疑雨，松梵自带琴。
牢骚寄声伎，经济储山林。久已无常主，包庄说到今。

呼猿洞

呼猿洞在武林山。晋慧理禅师，常畜黑白二猿，每于灵隐寺月明
长啸，二猿隔岫(山峰)应之，其声清皦(清晰分明)。后六朝宋时，有僧智
一，仿旧迹而畜数猿于山，临洞长啸，则群猿毕集，谓之猿父。好事者
施食以斋之，因建饭猿堂。今黑白二猿尚在。有高僧住持，则或见黑

猿，或见白猿。具德和尚到山，则黑白皆见。余于方丈作一对送之："生公说法，雨堕天花，莫论飞去飞来，顽皮石也会点头；慧理参禅，月明长啸，不问是黑是白，野心猿都能答应。"具和尚在灵隐，声名大著。后以径山（杭州城西北余杭径山镇境内）佛地，谓历代祖师多出于此，徙往径山。事多格连（抵触不合），为时无几，遂致涅槃（去世）。方知盛名难居，虽在缁流（僧人），亦不可多取。

陈洪绶《呼猿洞》诗：

慧理是同乡，白猿供使令。以此后来人，十呼十不应。

明月在空山，长啸是何意。呼山山自来，麾猿猿不去。

痛恨遇真伽，斧斤残怪石。山亦悔飞来，与猿相对泣。

洞黑复幽深，恨无巨灵力。余欲锤碎之，白猿当自出。

张岱《呼猿洞》对：

洞里白猿呼不出，崖前残石悔飞来。

三生石

三生石在下天竺寺后。东坡《圆泽传》曰："洛师（洛阳）惠林寺，故光禄卿（官名，掌管祭祀、朝会、宴乡酒醴膳羞之事）李憕（唐玄宗时人，安禄山攻陷时遇害，追赠'忠烈公'）居第。禄山（安史之乱发难者）陷东都，憕以居守死之。子源，少时以贵游子，豪侈善歌，闻于时。及憕死，悲愤自誓，不仕、不娶、不食肉，居寺中五十馀年。寺有僧圆泽，富而知音，源与之游甚密，促膝交语竟日，人莫能测。一日相约游蜀青城、峨嵋山，源欲自荆州溯峡，泽欲取长安斜谷路（穿越秦岭沟通川陕的山间大道，沿褒斜二河行，贯穿褒斜二谷，也称'褒斜道'）。源不可，曰：'吾以绝世事，岂可复到京师哉！'泽默然久之，曰：'行止固不由人。'遂自荆州路。舟次（停留，留宿）南浦，见妇人锦裆负罂（盛水的瓶罐）而汲者，泽望而叹曰：'吾不欲由此者，为是（因为这个）也。'源惊问之。泽曰：'妇人姓王氏，吾当为之子（我应当是她的儿子）。孕三岁矣，吾不来，故不得乳。今既见，无

可逃者。公当以符咒助吾速生。三日浴儿时，愿公临我（来看我），以笑为信（凭证）。后十三年中秋月夜，杭州天竺寺外，当与公相见。'源悲悔，而为具沐浴易服。至暮，泽亡。而妇乳三日，往观之，儿见源果笑。具以语王氏，出家财葬泽山下。源遂不果行。返寺中，问其徒，则既有治命（人死前神智清醒时的遗嘱）矣。后十三年，自洛还吴，赴其约。至所约，闻葛洪川畔有牧童扣角而歌之曰：'三生石上旧精魂，赏月吟风不要论。惭愧情人远相访，此身虽异性长存。'呼问：'泽公健否？'答曰：'李公真信士（有信用的人），然俗缘未尽，慎弗相近，惟勤修不堕，乃复相见。'又歌曰：'身前身后事茫茫，欲话因缘恐断肠。吴越山川寻已遍，却回烟棹上瞿唐（三峡之首瞿塘峡）。'遂去，不知所之（不知去向）。后二年，李德裕（晚唐宰相）奏源忠臣子，笃孝，拜谏议大夫。不就（不去就职），竟死寺中，年八十一。"

王元章（元代画家王冕）《送僧归中竺》诗：

天香阁上风如水，千岁岩前云似苔。

明月不期穿树出，老夫曾此听猿来。

相逢五载无书寄，却忆三生有梦回。

乡曲故人凭问讯，孤山梅树几番开。

苏轼《赠下天竺惠净师》诗：

予去杭十六年而复来，留二年而去。平生自觉出处老少，粗似乐天，虽才名相远，而安分寡求亦庶几焉。三月六日，来别南北山诸道人，而下天竺惠净师以丑石赠，作三绝句：

当年衫鬓两青青，强说重来慰别情。

衰鬓只今无可白，故应相对说来生。

出处依稀似乐天，敢将衰朽较前贤。

便从洛社休官去，犹有闲居二十年。

在郡依前六百日，山中不记几回来。

还将天竺一峰去，欲把云根到处栽。

上天竺

上天竺，晋天福（五代后晋高宗年号）间，僧道翊茅庵于此。一夕，见毫光发于前涧，晚视之，得一奇木，刻画观音大士像。后汉乾祐（五代后汉高祖年号）间，有僧从勋自洛阳持古佛舍利来，置顶上，妙相庄严，端正殊好，昼放白光，士民崇信。钱武肃王常梦白衣人求葺其居，寤而有感，遂建天竺观音看经院。宋咸平（宋真宗年号）中，浙西久旱，郡守张去华率僚属具幡幢华盖迎请下山，而澍（及时雨）雨沾足。自是有祷（请求祈祷）辄应，而雨每滂薄不休，世传烂稻龙王焉。南渡时，施舍珍宝，有日月珠、鬼谷珠、猫睛等，虽大内亦所罕见。嘉祐（宋仁宗年号）中，沈文通治郡（任杭州知府），谓观音以声闻宣佛力，非禅那（佛教用语，禅定）所居，乃以教易禅，令僧元净号辨才者主之。凿山筑室，几至万础（上万础石，形容房屋之多）。治平（宋英宗年号）中，郡守蔡襄（北宋书画家）奏赐"灵感观音"殿额。辨才乃益凿前山，辟地二十有五寻（古代长度单位，一寻为八尺），殿加重檐。建咸（建炎，宋高宗年号）四年，兀术入临安，高宗航海。兀术至天竺，见观音像喜之，乃载后车，与《大藏经》并徙而北。时有比丘（和尚）知完者，率其徒以从。至燕，舍于都城之西南五里，曰玉河乡，建寺奉之。天竺僧乃重以他木（另外的木头）刻肖前像，诡曰："藏之井中，今方出现。"其实并非前像也。乾道（宋孝宗年号）三年，建十六观堂，七年，改院为寺，门匾皆御书。庆元（宋宁宗年号）三年，改天台教寺。元至元（元世祖忽必烈年号）三年毁。五年，僧庆思重建，仍改天竺教寺。元末毁。明洪武初重建，万历二十七年重修。崇祯末年又毁，清初又建。时普陀路绝，天下进香者皆近就天竺，香火之盛，当甲东南。二月十九日（相传为观音生日），男女宿山之多，殿内外无下足处，与南海潮音寺正等（相当）。

张京元《上天竺小记》：

天竺两山相夹，回合若迷。山石俱骨立，石间更绕松篁。过下竺，诸僧鸣钟肃客,寺荒落不堪入。中竺如之。至上竺,山峦环抱,风气甚固,望之亦幽致。

萧士玮《上天竺小记》:

上天竺,叠嶂四周,中忽平旷,巡览迎眺,惊无归路。余知身之入而不知其所由入(从哪里进入)也。从天竺抵龙井,曲涧茂林,处处有之。一片云、神运石(宋徽宗赵佶为在汴京修筑艮岳而从江南搜寻得来的珍奇异石。龙井八景之一),风气遒逸(雄健飘逸),神明刻露(毕露)。选石得此,亦娶妻得姜(娶到美丽的妻子。春秋时卫庄公之妻庄姜为著名的美人)矣。泉色绀碧(深蓝色),味淡远,与他泉迥矣。

苏轼《记天竺诗引》:

轼年十二,先君自虔州(今江西赣州)归,谓予言:"近城山中天竺寺,有乐天亲书诗云:'一山门作两山门,两寺原从一寺分。东涧水流西涧水,南山云起北山云。前台花发后台见,上界钟鸣下界闻。遥想吾师行道处,天香桂子落纷纷。'笔势奇逸,墨迹如新。"今四十七年,予来访之,则诗已亡,有刻石在耳。感涕不已,而作是诗。

又《赠上天竺辨才禅师》诗:

南北一山门,上下两天竺。中有老法师,瘦长如鹳鹄。

不知修何行,碧眼照山谷。见之自清凉,洗尽烦恼毒。

坐令一都会,方丈礼白足。我有长头儿,角颊峙犀玉。

四岁不知行,抱负烦背腹。师来为摩顶,起走趁奔鹿。

乃知戒律中,妙用谢羁束。何必言法华,佯狂啖鱼肉。

张岱《天竺柱对》:

佛亦爱临安,法像自北朝留住。

山皆学灵鹫,洛伽从南海飞来。

卷三　西湖中路

【导读】

　　此卷有《秦楼》《片石居》《十锦塘》《孤山》《关王庙》《苏小小墓》《陆宣公祠》《六一泉》《葛岭》《苏公堤》《湖心亭》《放生池》《醉白楼》《小青佛舍》等十四篇,为西湖中心地带名胜古迹的实录。所谓"地有高人,品格与山川并重;亭遗古迹,梅花与姓氏俱香",作者认为,"名流虽以代迁,胜事自须人补",此卷中几乎每一处名胜,都与某位历史人物有关,作者以人事补胜事,名胜与名人互相映衬,相得益彰。"片石居"的韵人别墅、"孤山"林逋梅妻鹤子的隐居之处写得颇有情味,而长期在杭州为官颇有政绩的白居易、苏东坡的故事更是生动,大师音容笑貌如在眼前。值得注意的是,作者介绍十锦塘即白堤时,对孙东瀛重修白堤的功绩予以客观的记述,对十锦塘美景的描述也是语带深情,格外欣赏"断桥残雪"的幽美。

秦　楼

秦楼初名水明楼,东坡建,常携朝云(苏东坡之妾王朝云)至此游览。

壁上有三诗,为坡公手迹。过楼数百武(古代六尺为一步,半步为一武),为镜湖楼,白乐天建。宋时宦杭(在杭州做官)者,行春则集柳洲亭,竞渡则集玉莲亭,登高则集天然图画阁,看雪则集孤山寺,寻常宴客则集镜湖楼。兵燹(战火)之后,其楼已废,变为民居。

苏轼《水明楼》诗:

黑云翻墨未遮山,白雨跳珠乱入船。

卷地风来忽吹散,望湖楼下水连天。

放生鱼鸟逐人来,无主荷花到处开。

水浪能令山俯仰,风帆似与月装回。

未成大隐成中隐,可得长闲胜暂闲。

我本无家更焉往,故乡无此好湖山。

片石居

由昭庆缘(沿着)湖而西,为餐香阁,今名片石居。闳阁(神殿)精庐,皆韵人(雅人)别墅。其临湖一带,则酒楼茶馆,轩爽(轩敞高爽)面湖,非惟心胸开涤,亦觉日月清朗。张谓(唐代诗人,官至礼部侍郎)"昼行不厌湖上山,夜坐不厌湖上月",则尽之矣。再去则桃花港,其上为石函桥,唐刺史李邺侯所建,有水闸,泄湖水以入古荡。沿东西马塍(宋时名地,四时奇花)、羊角埂,至归锦桥,凡四派焉。白乐天记云:"北有石函(涵洞),南有笕(安设在檐下或田间的引水长竹管),决湖水一寸,可溉田五十馀顷。"闸下皆石骨磷磷,出水甚急。

徐渭《八月十六片石居夜泛》词:

月倍此宵多,杨柳芙蓉夜色蹉。鸥鹭不眠如昼里,舟过,向前惊换几汀莎。　　筒酒觅稀荷,唱尽塘栖《白苎歌》。天为红妆重展镜,如磨,渐照胭脂奈褪何。

十锦塘

十锦塘（即白堤，明万历年间孙隆用砂石花草重修白堤，更名十锦塘），一名孙堤，在断桥下。司礼太监孙隆于万历十七年修筑。堤阔二丈，遍植桃柳，一如苏堤。岁月既多，树皆合抱。行其下者，枝叶扶苏，漏下月光，碎如残雪。意向言断桥残雪，或言月影也。苏堤离城远，为清波（杭州西城门清波门）孔道，行旅甚稀。孙堤直达西泠，车马游人，往来如织。兼以西湖光艳，十里荷香，如入山阴道上，使人应接不暇。湖船小者，可入里湖，大者缘堤倚徙，由锦带桥循至望湖亭，亭在十锦塘之尽。渐近孤山，湖面宽厂。孙东瀛修葺华丽，增筑露台，可风可月，兼可肆筵设席。笙歌剧戏，无日无之。今改作龙王堂，旁缀数楹，咽塞离披（参差错杂），旧景尽失。再去，则孙太监生祠，背山面湖，颇极壮丽。近为卢太监舍以供佛，改名卢舍庵，而以孙东瀛像置之佛龛之后。孙太监以数十万金钱装塑西湖，其功不在苏学士之下，乃使其遗像不得一见湖光山色，幽囚面壁，见之大为鲠闷。

袁宏道《断桥望湖亭小记》：

湖上由断桥至苏公堤一带，绿烟红雾，弥漫二十馀里。歌吹为风，粉汗为雨，罗绮之盛，多于堤畔之草，艳冶极矣。然杭人游湖，止午、未、申三时（中午十一点至下午五点），其实湖光染翠之工，山岚设色之妙，全在朝日始出、夕舂（古时日落舂米，以此代称夕阳）未下，始极其浓媚。月景尤不可言，花态柳情，山容水意，别是一种趣味。此乐留与山僧游客受用，安可为俗士道哉！

望湖亭即断桥一带，堤甚工致，比苏堤犹美。夹道种绯桃、垂柳、芙蓉、山茶之属二十馀种。堤边白石砌如玉，布地皆软沙如茵。杭人曰："此内使孙公所修饰也。"此公大是西湖功德主。自昭庆、天竺、净慈、龙井及山中庵院之属，所施不下数十万。余谓白、苏二公，西湖开山古佛，此公异日伽蓝也。"腐儒，几败乃公事"！可厌可厌。

张京元《断桥小记》：

西湖之胜，在近；湖之易穷，亦在近。朝车暮舫，徒行缓步，人人可游，时时可游。而酒多于水，肉高于山，春时肩摩趾错，男女杂沓，以挨簇为乐。无论意不在山水，即桃容柳眼，自与东风相倚，游者何曾一着眸子也。

李流芳《断桥春望图题词》：

往时至湖上，从断桥一望，便魂消欲死。还谓所知，湖之潋滟熹微，大约如晨光之着树，明月之入庐。盖山水映发，他处即有澄波巨浸，不及也。壬子正月，以访旧重至湖上，辄独往断桥，裴回终日，翌日为杨谶西题扇云："十里西湖意，都来到断桥。寒生梅萼小，春入柳丝娇。乍见应疑梦，重来不待招。故人知我否，吟望正萧条。"又明日作此图。小春四月，同孟旸、子与夜话，题此。

谭元春《湖霜草序》：

予以己未九月五日至西湖，不寓楼阁，不舍庵刹，而以琴尊书札，托一小舟。而舟居之妙，在五善焉。舟人无酬答，一善也；昏晓不爽其候，二善也；访客登山，恣意所如，三善也；入断桥，出西泠，午眠夕兴，四善也；残客可避，时时移棹，五善也。挟此五善，以长于湖，僧上凫下，觞止茗生，篙楫因风，渔笠（渔船的缆绳，指停船）聚火。盖以朝山夕水，临涧对松，岸柳池莲，藏身接友，早放孤山，晚依宝石，足了吾生，足济吾事矣。

王叔杲《十锦塘》诗：

横截平湖十里天，锦桥春接六桥烟。

芳林花发霞千树，断岸光分月两川。

几度舸飞堤外景，一清棹发镜中船。

奇观妆点知谁力，应有歌声被管弦。

白居易《望湖楼》诗：

尽日湖亭卧，心闲事亦稀。起因残醉醒，坐待晚凉归。

松雨飘苏帽，江风透葛衣。柳堤行不厌，沙软絮霏霏。

徐渭《望湖亭》诗：

亭上望湖水，晶光澹不流。镜宽万影落，玉湛一矶浮。

寒入沙芦断，烟生野鹜投。若从湖上望，翻羡此亭幽。

张岱《西湖七月半记》：

西湖七月半，一无可看，止可看看七月半之人。看七月半之人，以五类类之。其一，楼船箫鼓，峨冠(高帽，指官绅)盛筵，灯火优傒(歌妓)，声光相乱，名为看月而实不见月者，看之；其一，亦船亦楼，名娃闺秀，携及童娈(容貌姣好的少年)，笑啼杂之，环坐露台(楼船上赏景平台)，左右盼望，身在月下而实不看月者，看之；其一，亦船亦声歌，名妓闲僧，浅斟低唱，弱管轻丝，竹肉相发(箫笛声伴着歌唱声)，亦在月下，亦看月，而欲人看其看月者，看之；其一，不舟不车，不衫不帻(不穿长衫不戴头巾，穿戴随意)，酒醉饭饱，呼群三五，跻入人丛，昭庆、断桥，嚣呼(大呼小叫)嘈杂，装假醉，唱无腔曲，月亦看，看月者亦看，不看月者亦看，而实无一看者，看之；其一，小船轻幌，净几暖炉，茶铛(煮茶的小锅)旋煮，素瓷静递，好友佳人，邀月同坐，或匿影树下，或逃嚣里湖，看月而人不见其看月之态，亦不作意(着意)看月者，看之。

杭人游湖，巳(上午九点到十一点)出酉(下午五点到七点)归，避月如避仇，是夕好名，逐队争出，多犒(犒劳)门军(把守城门的军士)酒钱，轿夫擎燎，列俟岸上。一入舟，速舟子急放断桥，赶入胜会。以故二鼓以前，人声鼓吹，如沸如撼，如魇(梦魇)如呓(呓语)，如聋如哑，大船小船一齐凑岸，一无所见，止见篙击篙，舟触舟，肩摩肩，面看面而已。少刻兴尽，官府席散，皂隶(衙门差役)喝道去，轿夫叫，船上人怖以关门，灯笼火把如列星，一一簇拥而去。岸上人亦逐队赶门，渐稀渐薄，顷刻散尽矣。

吾辈始舣(船靠岸)舟近岸，断桥石磴(石台阶)始凉，席其上，呼客纵饮。此时，月如镜新磨，山复整妆，湖复靧面(洗脸，恢复清澈明净)。向之浅斟低唱者出，匿影树下者亦出，吾辈往通声气，拉与同坐。韵友来，妙妓至，杯箸安，竹肉发。月色苍凉，东方将白，客方散去。吾辈纵

舟,酣睡于十里荷花之中,香气扑人,清梦甚惬(惬意)。

孤 山

　　《水经注》(北魏郦道元所著地理著作)曰:水黑曰卢,不流曰奴;山不连陵曰孤。梅花屿介于两湖之间,四面岩峦,一无所丽(依附),故曰孤也。是地水望澄明,瞰焉冲照,亭观绣峙,两湖反景,若三山(传说中的三座海上仙山蓬莱、方丈和瀛洲)之倒水下。山麓多梅,为林和靖(唐代诗人林逋,隐居杭州西湖,结庐孤山,号称"梅妻鹤子")放鹤之地。林逋隐居孤山,宋真宗征之不就,赐号和靖处士。常畜双鹤,縶之樊(关鸟兽的笼子)中。逋每泛小艇,游湖中诸寺,有客来,童子开樊放鹤,纵入云霄,盘旋良久,逋必棹艇遄归,盖以鹤起为客至之验也。临终留绝句曰:"湖外青山对结庐,坟前修竹亦萧疏。茂陵(汉武帝的陵墓,代指汉武帝)他日求遗稿,犹喜曾无封禅书。"绍兴十六年建四圣延祥观,尽徙诸院刹及士民之墓,独逋墓诏留之,弗徙。至元,杨连真伽发其墓,唯端砚一、玉簪一。明成化十年,郡守李瑞修复之。天启间,有王道士欲于此地种梅千树。云间(今上海松江)张㤊初太史补《孤山种梅序》。

　　袁宏道《孤山小记》:

　　孤山处士,妻梅子鹤,是世间第一种便宜人(得了好处的人)。我辈只为(因为)有了妻子(妻儿),便惹许多俗事,撇之不得,傍之可厌,如衣败絮,行荆棘中,步步牵挂。近日雷峰下有虞僧儒,亦无妻室,殆是孤山后身。所著《溪上落花诗》,虽不知于和靖如何,然一夜得百五十首,可谓迅捷之极。至于食淡参禅,则又加孤山一等矣,何代无奇人哉!

　　张京元《孤山小记》:

　　孤山东麓,有亭翼然。和靖故址,今悉编篱插棘。诸巨家规种桑养鱼之利,然亦赖其稍葺亭榭,点缀山容。楚人之弓,何问官与民也。

　　又《萧照画壁》:

　　西湖凉堂,绍兴间所构。高宗将临观之。有素壁四堵,高二丈,中贵人促萧照（南宋画家）往绘山水。照受命，即乞尚方酒四斗，夜出孤山，每一鼓即饮一斗，尽一斗则一堵已成，而照亦沉醉。上至，览之叹赏，宣赐金帛。

沈守正《孤山种梅疏》：

西湖之上，葱蒨（青翠茂盛的草木）亲人，亦爽朗易尽。独孤山盘郁重湖之间，水石草木皆有幽色。唐时楼阁参差，诗歌点缀，冠于两湖。读"不雨山常润，无云水自阴"之句，犹可想见当时。道孤山者，不径西泠，必沿湖水，不似今从望湖折阛阓（街市）而入也。此地尚有古梅偃蹇（高耸），云是和靖故居。

李流芳《题孤山夜月图》：

曾与印持（严调御）诸兄弟，醉后泛小艇，从孤山而归。时月初上新堤，柳枝皆倒影湖中，空明摩荡，如镜中，复如画中。久怀此胸臆，壬子在小筑，忽为孟旸写出，真画中矣。

苏轼《书林逋诗后》：

吴侬生长湖山曲，呼吸湖光饮山渌。

不论世外隐君子，佣儿贩妇皆冰玉。

先生可是绝俗人，神清骨冷无由俗。

我不识见曾梦见，瞳子瞭然光可烛。

遗篇妙字处处有，步绕西湖看不足。

诗如东野不言寒，书似西台差少肉。

平生高节已难继，将死微言犹可录。

自言不作封禅书，更肯悲吟白头曲。

我笑吴人不好事，好作祠堂傍修竹。

不然配食水仙王，一盏寒泉荐秋菊。

张祜《孤山》诗：

楼台耸碧岑，一径入湖心。不雨山常润，无云水自阴。

断桥荒藓合，空院落花深。犹忆西窗月，钟声出北林。

徐渭《孤山玩月》诗：

湖水淡秋空,练色澄初静。倚棹激中流,幽然适吾性。
举酒忽见月,光与波相映。西子拂淡妆,遥岚挂孤镜。
座客本玉姿,照耀几筵莹。暇时吐高怀,四座尽倾听。
却言处士疏,徒抱梅花咏。如以径寸鱼,蹄涔即成泳。
论久兴弥洽,返棹堤逾迥。自顾纵清谈,何嫌麾麈柄。

卓敬《孤山种梅》诗:

风流东阁题诗客,潇洒西湖处士家。
雪冷江深无梦到,自锄明月种梅花。

王稚登《赠林纯卿卜居孤山》诗:

藏书湖上屋三间,松映轩窗竹映关。
引鹤过桥看雪去,送僧归寺带云还。
轻红荔子家千里,疏影梅花水一湾。
和靖高风今已远,后人犹得住孤山。

陈鹤《题孤山林隐君祠》诗:

孤山春欲半,犹及见梅花。笑踏王孙草,闲寻处士家。
尘心莹水镜,野服映山霞。岩壑长如此,荣名岂足夸。

王思任《孤山》诗:

淡水浓山画里开,无船不署好楼台。
春当花月人如戏,烟入湖灯声乱催。
万事贤愚同一醉,百年修短未须哀。
只怜逋老栖孤鹤,寂寞寒篱几树梅。

张岱《补孤山种梅叙》:

盖闻:地有高人,品格与山川并重;亭遗古迹,梅花与姓氏俱香。
名流虽以代迁,胜事自须人补。在昔西泠逸老,高洁韵同秋水,孤清操
比寒梅。疏影横斜,远映西湖清浅;暗香浮动,长陪夜月黄昏。(以上四
句化自林逋《山园小梅》:"疏影横斜水清浅,暗香浮动月黄昏。")今乃人去山
空,依然水流花放。瑶葩洒雪,乱飘冢上苔痕;玉树迷烟,恍堕林间鹤
羽。兹来韵友,欲步前贤,补种千梅,重修孤屿。凌寒三友,早连九里

155

松篁；破腊（梅花，化自杜甫诗句"梅蕊腊前破"）一枝，远谢六桥桃柳。仁想水边半树，点缀冰花；待将雪后横枝，低昂铁干。美人来自林下，高士卧于山中（化用高启诗句"雪满山中高士卧，月明林下美人来"）。白石苍崖，拟筑草亭招放鹤；浓山淡水，闲锄明月种梅花。有志竟成，无约不践。将与罗浮争艳，还期庾岭分香（罗浮山、庾岭均为盛产梅花之地）。实为林处士之功臣，亦是苏长公之胜友。吾辈常劳梦想，应有宿缘。哦曲江诗（曲江张九龄有《庭梅吟》），便见孤芳风韵；读《广平赋》，尚思铁石心肠。共策灞水之驴，且向断桥踏雪；遥瞻漆园之蝶（庄子"庄周梦蝶"典故），群来林墓寻梅。莫负佳期，用追芳躅。

张岱《林和靖墓柱铭》：

云出无心，谁放林间双鹤；月明有意，即思冢上孤梅。

关王庙

北山两关王庙。其近岳坟者，万历十五年为杭民施如忠所建。如忠客燕，涉潞河，飓风作，舟将覆，恍惚见王率诸河神拯救获免，归即造庙祝之，并祀诸河神。冢宰（吏部尚书）张瀚（明万历年间任吏部尚书）记之。其近孤山者，旧祠卑隘（低矮狭窄）。万历四十二年，金中丞（金学曾，曾任福建巡抚，明清时称巡抚为中丞）为导首（带头领导）鼎新（革新）之。太史董其昌（明代著名画家）手书碑石记之，其词曰："西湖列刹相望，梵宫之外，其合于祭法者，岳鄂王、于少保与关神而三尔。甲寅秋，神宗皇帝梦感圣母中夜传诏，封神为伏魔帝君，易兜鍪而衮冕（将武将头盔换成帝王礼服），易大纛（军中典礼用的大旗）而九斿（帝王礼帽前后悬垂的玉串）。五帝（传说中的东方青帝、南方赤帝、中央皇帝、西方白帝、北方黑帝五位天帝）同尊，万灵受职。视操、懿、莽、温偶奸大物，生称贼臣，死堕下鬼，何啻（何止）天渊。顾旧祠湫隘（低下矮小），不称诏书播告之意。金中丞父子，爱议鼎新，时维导首，得孤山寺旧址，度材垒土，勒墙墉，庄像设，先后三载而落成。中丞以余实倡议，属余记之。余考孤山寺，且名永福寺。唐长庆（唐穆宗年号）四年，有僧刻《法华》于石壁。会元微之（唐代诗人元稹）以守越州，道出杭，而杭守白乐天为作记。有九诸侯率钱助工，其盛如此。成毁有数，金石可磨，越数百年而祠帝君。以释典言之，则旧寺非所谓现天大将军身，而今祠非所谓现帝释身者耶。至人舍其生而生在，杀其身而身存。孔曰成仁，孟曰取义，与《法华》一大事（《法华经》称生死是人生之大事）之旨何异也。彼谓忠臣义士犹待坐蒲团、修观行而后了生死者，安矣。然则石壁岿然，而石经初未泐（lè，书写铭刻）也。顷者四川歼叛（打击张献忠的起义军），神为助力，事达宸聪（皇帝所闻），非同语怪（谈论怪异）。惟辽西黠卤（关外的后金政权，即后来的清王朝），尚缓天诛（上天的诛罚），帝君能报曹而有不报神宗者乎？左挟鄂王，右挟少保，驱雷部，掷火铃，昭陵之铁马（唐太宗李世民的陵墓，有骏马雕塑昭陵六骏）嘶风，蒋庙之塑兵濡（浸渍沾湿）露，谅荡魔皆如蜀道矣。先是，金中丞抚闽，藉神之告，屡歼倭夷，上功盟府，故建祠之费，视众差巨，盖有夙意云。"寺中规制精雅，庙貌庄严，兼之碑碣清华，柱联工确，一以文理为之，较之施庙，其雅俗真隔霄壤。

董其昌《孤山关王庙柱铭》：

忠能择主，鼎足分汉室君臣；德必有邻，把臂呼岳家父子。

宋兆禴《关帝庙柱联》：

从真英雄起家，直参圣贤之位；以大将军得度，再现帝王之身。

张岱《关帝庙柱对》：

统系让偏安，当代天王归汉室；春秋明大义，后来夫子属关公。

苏小小墓

苏小小者，南齐时钱塘名妓也。貌绝青楼，才空士类，当时莫不艳称。以年少早卒，葬于西泠之坞。芳魂不殁（死），往往花间出现。宋时有司马槱（司马光侄孙，工诗词）者，字才仲，在洛下梦一美人搴帷（撩起帷幕）而歌，问其名，曰："西陵苏小小也。"问歌何曲？曰："《黄金

缕》。"后五年，才仲以东坡荐举，为秦少章幕下官，因道其事。少章异之，曰："苏小之墓，今在西泠，何不酹酒吊（凭吊）之。"才仲往寻其墓拜之。是夜，梦与同寝，曰："妾愿酬矣。"自是幽昏三载，才仲亦卒于杭，葬小小墓侧。

西陵苏小小诗：

妾乘油壁车，郎跨青骢马。何处结同心，西陵松柏下。

又词：

妾本钱塘江上住，花落花开，不管流年度。燕子衔将春色去，纱窗几阵黄梅雨。　斜插玉梳云半吐，檀板轻敲，唱彻《黄金缕》。梦断彩云无觅处，夜凉明月生南浦。

李贺《苏小小》诗：

幽兰露，如啼眼。无物结同心，烟花不堪剪。草如茵，松如盖。风为裳，水为珮。油壁车，久相待。冷翠烛，劳光彩。西陵下，风吹雨。

沈原理《苏小小歌》：

歌声引回波，舞衣散秋影。梦断别青楼，千秋香骨冷。青铜镜里双飞鸾，饥乌吊月啼勾栏。风吹野火火不灭，山妖笑入狐狸穴。西陵墓下钱塘潮，潮来潮去夕复朝。墓前杨柳不堪折，春风自绾同心结。

元遗山《题苏小像》：

槐荫庭院宜清昼，帘卷香风透。美人图画阿谁留，都是宣和名笔内家收。　莺莺燕燕分飞后，粉浅梨花瘦。只除苏小不风流，斜插一枝萱草凤钗头。

徐渭《苏小小墓》诗：

一抔苏小是耶非，绣口花腮烂舞衣。

自古佳人难再得，从今比翼罢双飞。

薙边露眼啼痕浅，松下同心结带稀。

恨不颠狂如大阮，欠将一曲恸兵闱。

陆宣公祠

孤山何以祠陆宣公（唐代政治家、文学家陆贽）也？盖自陆少保炳（陆炳，掌管锦衣卫，权倾天下），为世宗（明世宗朱厚熜）乳母之子，揽权怙宠，自谓系出宣公（自称是陆贽的后人），创祠祀之。规制宏厂（宏大宽敞），吞吐湖山。台榭之盛，概湖无比。炳以势焰，孰有美产，即思攫夺。旁有故锦衣王佐（锦衣卫掌管），别墅壮丽，其孽子不肖，炳乃罗织其罪，勒以献产。捕及其母，故佐妾也。对簿时，子强辩。母膝行前，道其子罪甚详。子泣，谓母："忍陷其死也？"母叱之曰："死即死，尚何说！"指炳座顾曰："而父坐此非一日，作此等事亦非一日，而生汝不肖子，天道也，汝死犹晚！"炳颊发赤，趣遣（驱赶）之出，弗终夺。炳物故（死亡），祠没入官，以名贤得不废。隆庆间，御史谢廷杰以其祠后增祀两浙名贤，益以严光（严子陵）、林逋、赵忭、王十朋、吕祖谦、张九成、杨简、宋濂、王琦、章懋、陈选。会稽进士陶允宜，以其父陶大临自制牌版，令人匿之怀中，窃置其傍。时人笑其痴孝。

祁彪佳《陆宣公祠》诗：

东坡佩服宣公疏，俎豆西冷蘋藻香。

泉石苍凉存意气，山川开涤见文章。

画工界画增金碧，庙貌巍峨见乔皇。

陆炳湖头夸势焰，崇韬乃敢认汾阳。

六一泉

六一泉在孤山之南，一名竹阁，一名勤公讲堂。宋元祐（宋哲宗年号）六年，东坡先生与会勤上人同哭欧阳公处也。勤上人讲堂初构（建成），掘地得泉，东坡为作泉铭。以两人皆列欧公门下，此泉方出，适哭公讦，名以六一，犹见公也。其徒作石屋覆泉，且刻铭其上。南渡高宗

为康王时，常使金夜行，见四巨人执殳(古代兵器)前驱。登位后，问方士，乃言紫薇垣(以北极附近一片星群为基础所构成的天区)有四大将，曰：天蓬、天猷、翊圣、真武。帝思报之，遂废竹阁，改延祥观，以祀四巨人。至元初，世祖又废观为帝师祠。泉没于二氏(佛、道二家)之居，二百馀年，元季(元朝末年)兵火，泉眼复见(出现)，但石屋已圮(坍塌)，而泉铭亦为邻僧舁(装载)去。洪武初，有僧名行升者，锄荒涤垢，图复旧观。仍树石屋，且求泉铭，复于故处。乃欲建祠堂，以奉祀东坡、勤上人，以参寥故事，力有未逮。教授徐一夔(杭州府学教授)为作疏曰："睠(眷顾)兹胜地，实在名邦。勤上人于此幽栖，苏长公因之数至(几次来到)。迹分缁素(僧俗)，同登欧子之门；谊重死生，会(一起)哭孤山之下。惟精诚有感通之理，故山岳出迎劳之泉。名聿表于怀贤，忱式昭(用以光大)于荐菊。虽存古迹，必肇(创建)新祠。此举非为福田(佛教语，行善修德能受福报，犹如种田能有收获)，实欲共成胜事。儒冠僧衲，请恢雅量以相成；山色湖光，行与高峰而共远。愿言乐助，毋诮(嘲笑)滥竽。"

苏轼《六一泉铭》：

欧阳文忠公将老，自谓六一居士。予昔通守钱塘，别公于汝阴而南。公曰："西湖僧惠勤，甚文而长于诗。吾昔为《山中乐》三章以赠之。子闲于民事，求人于湖山间而不可得，则往从勤乎？"予到官三日，访勤于孤山之下，抵掌(击掌，形容高兴地谈话)而论人物，曰："六一公，天人也。人见其暂寓人间，而不知其乘云驭风，历五岳而跨沧海也。此邦之人，以公不一来为恨。公麾斥八极，何所不至。虽江山之胜，莫适为主，而奇丽秀绝之气，常为能文者用。故吾以为西湖盖公几案间一物耳。"勤语虽怪幻(奇怪多变)，而理有实然(确实这样)者。明年公薨(死亡)，予哭于勤舍。又十八年，予为钱塘守，则勤亦化去久矣。访其旧居，则弟子二仲在焉。画公与勤像，事之如生。舍下旧无泉，予未至数月，泉出讲堂之后，孤山之趾，汪然溢流，甚白而甘。即其地凿岩架石为室。二仲谓："师闻公来，出泉以相劳苦，公可无言乎？"乃取勤旧语，推本其意，名之曰"六一泉"。且铭之曰："泉之出也，去公数千里，后公之没十八年，而名之曰'六一'，不几于诞（虚妄夸诞）乎？曰：君子之泽，岂独五世而已，盖得其人，则可至于百传。常试与子登孤山而望吴越，歌山中之乐而饮此水，则公之遗风余烈，亦或见于此泉也。"

白居易《竹阁》诗：

晚坐松檐下，宵眠竹阁间。清虚当服药，幽独抵归山。

巧未能胜拙，忙应不及闲。无劳事修炼，只此是玄关。

葛 岭

葛岭者，葛仙翁稚川修仙地也。仙翁名洪，号抱朴子，句容人也。从祖葛玄，学道得仙术，传其弟子郑隐。洪从隐学，尽得其秘。上党鲍玄（东晋南海太守）妻以女（将女儿嫁给他）。咸和初，司徒导（王导）招补主簿，干宝（《搜神记》作者，东晋时负责修国史）荐为大著作（官名，著作郎），皆同辞。闻交趾（五岭以南的广东、广西甚至更南方的地区）出丹砂，独求为勾漏（广西北流）令。行至广州，刺史郑岳留之，乃炼丹于罗浮山中。如是者积年。一日，遗书岳曰："当远游京师，克期便发。"岳得书，狼狈（急忙）往别，而洪坐至日中，兀然（昏沉）若睡，卒年八十一。举尸入棺，轻如蝉蜕，世以为尸解仙去。智果寺西南为初阳台，在锦坞上，仙翁修炼于此。台下有投丹井，今在马氏园。宣德间大旱，马氏甃（以砖垒井）井得石匣一，石瓶四。匣固不可启（坚固无法开启）。瓶中有丸药若芡实者，啖（吃）之，绝无气味，乃弃之。施渔翁独啖一枚，后年百有六岁。浚井后，水遂淤恶不可食，以石匣投之，清冽如故。

祁彪佳《葛岭》诗：

抱朴游仙去有年，如何姓氏至今传。

钓台千古高风在，汉鼎虽迁尚姓严。

勾漏灵砂世所稀，携来烹炼作刀圭。

若非渔子年登百，几使还丹变井泥。

平章甲第半湖边，日日笙歌入画船。

循州一去如烟散，葛岭依然还稚川。

葛岭孤山隔一丘，昔年放鹤此山头。

高飞莫出西山缺，岭外无人勿久留。

苏公堤

杭州有西湖，颍上(在安徽西北部)亦有西湖，皆为名胜，而东坡连守二郡。其初得颍，颍人曰："内翰只消游湖中，便可以了公事。"秦太虚(北宋词人秦观)因作一绝云："十里荷花菡萏(荷花)初，我公身至有西湖。欲将公事湖中了，见说官闲事亦无。"后东坡到颍，有谢执政启云："入参两禁，每玷(玷污，有愧于)北扉之荣(苏轼为翰林学士，因草拟诏书被特许从北门出入，是一种荣耀)；出典二帮，迭为西湖之长。"故其在杭，请濬(疏通水道)西湖，聚葑泥，筑长堤，自南之北，横截湖中，遂名苏公堤。夹植桃柳，中为六桥。南渡之后，鼓吹楼船，颇极华丽。后以湖水漱啮(冲蚀)，堤渐凌夷(衰败)。入明，成化(明宪宗年号)以前，里湖尽为民业，六桥水流如线。正德(明武宗年号)三年，郡守杨孟瑛辟之，西抵北新堤为界，增益苏堤，高二丈，阔五丈三尺，增建里湖六桥，列种万柳，顿复旧观。久之，柳败而稀，堤亦就圮。嘉靖十二年，县令王钍令犯罪轻者种桃柳为赎，红紫灿烂，错杂如锦。后以兵火，砍伐殆尽。万历二年，盐运使朱炳如(曾任两浙盐运使)复植杨柳，又复灿然。迨(等到)至崇祯初年，堤上树皆合抱。太守刘梦谦与士夫陈生甫辈时至。二月，作胜会于苏堤。城中括羊角灯、纱灯几万盏，遍挂桃柳树上下。以红毡铺地，冶童名妓，纵饮高歌。夜来万蜡齐烧，光明如昼。湖中遥望堤上万蜡，湖影倍之。箫管笙歌，沉沉昧旦(破晓之时)。传之京师，太守镌级(降级)。因想东坡守杭之日，春时每遇休暇，必约客湖上，早食于山水佳处。饭毕，每客一舟，令队长一人，各领数妓，任其所之。晡后鸣锣集之，复会望湖亭或竹阁，极欢而罢。至一、二鼓，夜市犹未散，列烛以归。城中士女夹道云集而观之。此真旷古风流，熙世乐事，不可复追也已。

张京元《苏堤小记》：

苏堤度六桥，堤两旁尽种桃柳，萧萧摇落。想二三月，柳叶桃花，游人阗塞，不若此时之为清胜。

李流芳《题两峰罢雾图》：

三桥龙王堂，望西湖诸山，颇尽其胜。烟林雾障，映带层叠；淡描浓抹，顷刻百态。非董、巨妙笔，不足以发其气韵。余在小筑时，呼小舟桨至堤上，纵步看山，领略最多。然动笔便不似甚矣，气韵之难言也。予友程孟旸《湖上题画》诗云："风堤露塔欲分明，阁雨縈阴两未成。我试画君团扇上，船窗含墨信风行。"此景此诗，此人此画，俱属可想。癸丑八月清晖阁题。

苏轼《筑堤》诗：

六桥横截天汉上，北山始与南屏通。

忽惊二十五万丈，老葑席卷苍烟空。

昔日珠楼拥翠钿，女墙犹在草芊芊。

东风第六桥边柳，不见黄鹂见杜鹃。

又诗：

惠勤、惠思皆居孤山。苏子倅郡（郡守的副职，通判），以腊日访之，作诗云：

天欲雪时云满湖，楼台明灭山有无。

水清石出鱼可数，林深无人鸟相呼。

腊月不归对妻孥，名寻道人实自娱。

道人之居在何许，宝云山前路盘纡。

孤山孤绝谁肯庐，道人有道山不孤。

纸窗竹屋深自暖，拥褐坐睡依团蒲。

天寒路远愁仆夫，整驾催归及未晡。

出山回望云水合，但见野鹤盘浮屠。

兹游淡泊欢有馀，到家恍如梦蘧蘧。

作诗火急追亡逋，清景一失后难摹。

王世贞《泛湖度六桥堤》诗：

拂幌莺啼出谷频，长堤夭矫跨苍旻。

六桥天阔争虹影，五马飙开散曲尘。

碧水乍摇如转盼，青山初沐竞舒颦。

莫轻杨柳无情思，谁是风流白舍人？

李鉴龙《西湖》诗：

花柳曾闻暗六桥，近来游舫甚萧条。

折残画阁堤边失，倒入山光波上摇。

秋水湖心眸一点，夜潭塔影黛双描。

兰亭感慨今移此，痴对雷峰话寂寥。

湖心亭

湖心亭(位于杭州西湖中小瀛洲北)旧为湖心寺，湖中三塔，此其一也。明弘治间，按察司佥事(副职官员)阴子淑，秉宪(执掌法令)甚厉。寺僧怙(依赖凭恃)镇守中官(宦官)，杜门不纳官长，阴廉(秘密查访)其奸事毁之，并去其塔。嘉靖三十一年，太守孙孟寻遗迹，建亭其上。露台亩许，周以石栏，湖山胜概，一览无遗。数年寻圮。万历四年，佥事徐廷裸重建。二十八年，司礼监孙东瀛改为清喜阁，金碧辉煌，规模壮丽，游人望之如海市蜃楼。烟云吞吐，恐滕王阁、岳阳楼俱无甚伟观也。春时，山景、睺罗(唐宋时习俗，七夕时用土、木、蜡等物制成婴孩形玩具为送子祥物，也叫摩睺罗)、书画、古董，盈砌盈阶，喧阗扰嚷(非常嘈杂)，声息不辨。夜月登此，阒寂(寂静)凄凉，如入鲛宫海藏。月光晶沁，水气滃(腾涌弥漫)之，人稀地僻，不可久留。

张京元《湖心亭小记》：

湖心亭雄丽空阔。时晚照在山，倒射水面，新月挂东，所不满者半规，金盘玉饼，与夕阳彩翠重轮交网，不觉狂叫欲绝。恨亭中四字匾、隔句对联，填楣盈栋，安得借咸阳一炬(指项羽火烧秦始皇阿房宫)，了此

业障(祸患的根源)。

张岱《湖心亭小记》：

崇祯五年十二月，余住西湖。大雪三日，湖中人鸟声俱绝。是日更定(初更以后，晚八九点左右)矣，余拏(划)一小舟，拥毳衣(皮毛衣服)炉火，独往湖心亭看雪。雾凇沆砀(雾气弥漫)，天与云、与山、与水，上下一白。湖上影子，惟长堤一痕，湖心亭一点，与余舟一芥(一粒芥籽，一小点)，舟中人两三粒而已。

到亭上，有两人铺毡对坐，一童子烧酒，炉正沸。见余大惊喜，曰："湖中焉得更有此人!"拉余同饮。余强饮三大白(大酒杯)而别。问其姓氏，是金陵人，客(客居)此。及下船，舟子(船夫)喃喃曰："莫说相公痴，更有痴似相公者。"

胡来朝《湖心亭柱铭》：

四季笙歌，尚有穷民悲夜月；六桥花柳，深无隙地种桑麻。

郑烨《湖心亭柱铭》：

亭立湖心，俨西子载扁舟，雅称雨奇晴好；席开水面，恍东坡游赤壁，偏宜月白风清。

张岱《清喜阁柱对》：

如月当空，偶似微云点河汉；在人为目，且将秋水剪瞳神。

放生池

宋时有放生碑，在宝石山下。盖天禧四年，王钦若(北宋时人，官至宰相)请以西湖为放生池，禁民网捕，郡守王随为之立碑也。今之放生池，在湖心亭之南。外有重堤，朱栏屈曲，桥跨如虹，草树蓊翳(草木茂密)，尤更岑寂(寂静)。古云：三潭印月，即其地也。春时游舫如鹜(野鸭水鸟)，至其地者，百不得一。其中佛舍甚精，复阁重楼，迷禽暗日，威仪肃洁，器钵无声。但恨鱼牢幽闭，涨腻不流，刿鬐缺鳞(割开鱼鳍，除去鱼鳞)，头大尾瘠(瘦弱)，鱼若能言，其苦万状。以理揆(揣度)之，孰若

纵壑开樊（疏通沟壑，打开樊笼），听（听任放任）其游泳，则物性自遂，深恨俗僧难与解释耳。昔年余到云栖，见鸡鹅豚（猪）羖（羊），共牢饥饿，日夕挨挤，堕水死者不计其数。余向莲池师再四疏说，亦谓未能免俗，聊复尔尔。后见兔鹿猢狲，亦受禁锁，余曰："鸡凫豚羖，皆借食于人，若兔鹿猢狲，放之山林，皆能自食，何苦锁禁，待以胥靡（古代服劳役的奴隶或刑徒）。"莲师大笑，悉为撤禁，听其所之，见者大快。

陶望龄《放生池》诗：

介卢晓牛鸣，冶长识雀哕。吾愿天耳通，达此音声类。

群鱼泣妻妾，鸡鹜呼弟妹。不独死可哀，生离亦可慨。

闽语既嘤咿，吴听了难会。宁闻闽人肉，忍作吴人脍。

可怜登陆鱼，喃喁向人谇。人曰鱼口喑，鱼言人耳背。

何当破网罗，施之以无畏。

昔有二勇者，操刀相与酤。曰子我肉也，奚更求食乎。

互割还互啖，彼尽我亦屠。食彼同自食，举世嗤其愚。

还语血食人，有以异此无？

吴越王钱镠于西湖上税渔，名"使宅渔"。一日，罗隐入谒，壁有《磻溪（姜子牙垂钓处）垂钓图》，王命题之。题云："吕望当年展庙谟，直钩钓国又何如？假令身住西湖上，也是应供使宅鱼。"王即罢渔税。

放生池柱对：

天地一网罟，欲度众生谁解脱；飞潜皆性命，但存此念即菩提。

醉白楼

杭州刺史白乐天，啸傲（放歌长啸，傲然自得）湖山时，有野客（隐逸者）赵羽者，湖楼最畅，乐天常过（去到）其家，痛饮竟日（一整天），绝不分官民体。羽得与乐天通往来，索其题楼。乐天即颜（在匾额上题字）之曰"醉白"。在茅家埠，今改吴庄。一松苍翠，飞带如虬，大有古色，真数百年物。当日白公，想定盘礴（不拘礼节，席地张腿而坐）其下。

倪元璐《醉白楼》诗：

金沙深处白公堤，太守行春信马蹄。冶艳桃花供祇应，迷离烟柳藉提携。

闲时风月为常主，到处鸥凫是小倭。野老偶然同一醉，山楼何必更留题。

小青佛舍

小青，广陵（扬州）人。十岁时，遇老尼口授《心经》，一过成诵。尼曰："是儿早慧福薄，乞（乞求）付我作弟子。"母不许。长好读书，解音律，善弈棋。误落武林富人，为其小妇。大妇奇妒，凌逼（欺凌逼迫）万状。一日携小青往天竺，大妇曰："西方佛无量，乃世独礼大士，何耶？"小青曰："以慈悲故耳。"大妇笑曰："我亦慈悲若。"乃匿之孤山佛舍，令一尼与俱。小青无事，辄临池自照，好与影语，絮絮如问答，人见辄止。故其诗有"瘦影自临春水照，卿须怜我我怜卿"之句。后病瘵（痨病），绝粒（绝食），日饮梨汁少许，奄奄待尽。乃呼画师写照，更换再三，都不谓似。后画师注视良久，匠意妖纤（美艳纤柔）。乃曰："是矣。"以梨酒供之榻前，连呼："小青！小青！"一恸而绝，年仅十八。遗诗一帙。大妇闻其死，立至佛舍，索其图并诗焚之，遽去。

小青《拜慈云阁》诗：

稽首慈云大士前，莫生西土莫生天。愿将一滴杨枝水，洒作人间并蒂莲。

又《拜苏小小墓》诗：

西冷芳草绮粼粼，内信传来唤踏青。杯酒自浇苏小墓，可知妾是意中人。

卷四　西湖南路

【导读】

　　卷四有《柳洲亭》《灵芝寺》《钱王祠》《净慈寺》《小蓬莱》《雷峰塔》《包衙庄》《南高峰》《烟霞石屋》《高丽寺》《法相寺》《于坟》《风篁岭》《龙井》《一片云》《九溪十八涧》等十六篇，记述西湖南部风景名胜。与前卷一样，记叙风光美景，讲述名胜掌故，述说佛教故事。有几篇是特别动情的，如《小蓬莱》中对"菊水桃源"，"付之一想"；《柳洲亭》写故宫离黍，"感慨悲伤，几效桑苎翁之游苕溪，夜必恸哭而返"，是晚年作者的真情流露，读者能想见作者对当年的深情怀恋和深切的"黍离"之悲。再如《于坟》中对于谦有再造之功，却"受冤身死"机遇的详尽描述，字里行间透出对国之忠臣的敬佩，对其冤遇的同情和遗憾。而极短的篇章中也有极生动传神的细节描写，如《钱王祠》中写老媪抚钱王背，以小字呼之曰："钱婆留，喜汝长成。"再如《净慈寺》写济颠"揢喉大呕，撒地皆成黄金，众缘自是毕集，而寺遂落成"的奇特而鲜活的情景描述。而《九溪十八涧》，作者欣赏那里"径路崎岖，草木蔚秀，人烟旷绝，幽闲静悄，别有天地，自非人间"，然"老于西湖者，各名胜地，寻讨无遗，问及九

溪十八涧，皆茫然不能置对"。正与前卷与序言里作者表达的审美取向可以互为注释。

柳洲亭

柳洲亭，宋初（南宋初）为丰乐楼。高宗移汴民居杭地嘉、湖诸郡（嘉兴、湖州），时岁丰稔（丰熟），建此楼以与民同乐，故名。门以左，孙东瀛建问水亭。高柳长堤，楼船画舫，会合亭前，雁次相缀（连接）。朝则解维，暮则收缆。车马喧阗，驺从（骑马的侍从）嘈杂，一派人声，扰嚷不已。堤之东尽为三义庙。过小桥折而北，则吾大父之寄园、铨部戴斐君之别墅。折而南，则钱麟武阁学、商等轩冢宰、祁世培柱史、余武贞殿撰、陈襄范掌科各家园亭，鳞集于此。过此，则孝廉黄元辰之池上轩、富春周中翰之芙蓉园，比间皆是。今当兵燹之后，半椽不剩，瓦砾齐肩，蓬蒿满目。李文叔（李格非，李清照父亲）作《洛阳名园记》，谓以名园之兴废，卜（预测）洛阳之盛衰；以洛阳之盛衰，卜天下之治乱。诚哉言也！余于甲午年，偶涉于此，故宫离黍（亡国的意思），荆棘铜驼（喻国土沦陷，山河残破），感慨悲伤，几效桑苎翁（唐代茶圣陆羽）之游苕溪（在浙江省北部，浙江八大水系之一），夜必恸哭而返。

张杰《柳洲亭》诗：

谁为鸿濛凿此陂，涌金门外即瑶池。

平沙水月三千顷，画舫笙歌十二时。

今古有诗难绝唱，乾坤无地可争奇。

溶溶漾漾年年绿，销尽黄金总不知。

王思任《问水亭》诗：

我来一清步，犹未拾寒烟。灯外兼星外，沙边更槛边。

孤山供好月，高雁语空天。辛苦西湖水，人还即熟眠。

赵汝愚《丰乐楼柳梢青》词：

水月光中,烟霞影里,涌出楼台。空外笙箫,云间笑语,人在蓬莱。天香暗逐风回,正十里荷花盛开。买个小舟,山南游遍,山北归来。

灵芝寺

灵芝寺,钱武肃王之故苑也。地产灵芝,舍以为寺。至宋而规制浸宏(逐渐壮大),高、孝两朝四临幸焉。内有浮碧轩、依光堂,为新进士题名之所。元末毁,明永乐初,僧竺源再造,万历二十二年重修。余幼时至其中看牡丹,干高丈馀,而花蕊烂熳,开至数千馀朵,湖中夸为盛事。寺畔有显应观,高宗以祀崔府君也。崔名子玉,唐贞观间为磁州鉴阳令,有异政,民生祠之(活着的时候就建祠堂纪念他),既卒,为神。高宗为康王时,避金兵,走钜鹿,马毙,冒雨独行,路值三岐(三岔路口),莫知所往。忽有白马在道,鞚驭(驾驭)乘之,驰至崔祠,马忽不见。但见祠马赭汗如雨,遂避宿祠中。梦神以杖击地,促其行。趋出门,马复在户,乘至斜桥,会耿仲南来迎,策马过涧,见水即化。视之,乃崔府君祠中泥马也。及即位,立祠报德,累朝崇奉异常。六月六日是其生辰,游人阗塞(拥塞)。

张岱《灵芝寺》诗:

项羽曾悲骓不逝,活马犹然如泥塑。

焉有泥马去如飞,等闲直至黄河渡。

一堆龙骨蜕厓前,迢递芒砀迷云路。

茕茕一介走亡人,身陷柏人脱然过。

建炎尚是小朝廷,百灵亦复加呵护。

钱王祠

钱镠,临安石鉴乡人,骁勇有谋略。壮而微(低微),贩盐自活。唐

僖宗时，平浙寇王仙芝（唐末农民军领袖），拒黄巢，灭董昌，积功自显。梁开平（五代梁太祖年号）元年，封镠为吴越王。有讽镠拒梁命者，镠笑曰："吾岂失一孙仲谋耶！"遂受之。改其乡为临安县，军为锦衣军。是年，省茔垄（回乡扫墓），延故老（宴请故友老人），旌钺鼓吹，振耀山谷。自昔游钓之所，尽蒙以锦绣，或树石至有封官爵者，旧贸盐担（以前卖盐用的担子），亦裁锦韬之（用锦缎做护套装起来）。一邻媪九十馀，携壶泉迎于道左，镠下车亟拜。媪抚其背，以小字呼之曰："钱婆留，喜汝长成。"盖初生时，光怪（神奇怪异的现象）满室，父惧，将沉于了溪，此媪苦留之，遂字焉。为牛酒，大陈以饮乡人；别张蜀锦为广幄，以饮乡妇。年上八十者饮金爵，百岁者饮玉爵。镠起劝酒，自唱还乡歌以娱宾，曰："玉节还乡兮挂锦衣，父老远近来相随。斗牛光起天无欺，吴越一王驷马归。"时将筑宫殿，望气者言："因故府大之，不过百年；填西湖之半，可得千年。"武肃笑曰："焉有千年而其中不出真主者乎？奈何困吾民为！"遂弗改造。宋熙宁间，苏子瞻守郡，请以龙山废祠妙音院者，改为表忠观以祀之。今废。明嘉靖三十九年，督抚胡宗宪建祠于灵芝寺址，塑三世五王（吴越传国三代，历五王）像，春秋致祭，令其十九世孙德洪者守之。郡守陈柯重镌表忠观碑记于祠。

苏轼《表忠观碑记》：

熙宁十年十月戊子，资政殿大学士、右谏议大夫、知杭州军事臣抃言："故越国王钱氏坟庙，及其父、祖、妃、夫人、子孙之坟，在钱塘者二十有六，在临安者十有一，皆芜秽不治，父老过之，有流涕者。谨按：故武肃王镠，始以乡兵破走黄巢，名闻江淮。复以八都兵（八千兵力）讨刘汉宏（唐末义胜军节度使，割据军阀），并越州以奉董昌（唐末义胜军节度使，割据军阀，后自立为王），而自居于杭。及昌以越叛，则诛昌而并越，尽有浙东西之地，传其子文穆王元瓘。至其孙忠献王仁佐，遂破李景（南唐中主李璟）兵而取福州。而仁佐之弟忠懿王俶又大出兵攻景，以迎周世宗（后周皇帝柴荣）之师，其后，卒以国入觐（入朝进见帝王）。三世四王，与五代相为终始。天下大乱，豪杰蜂起，方是时，以数州之地，盗名字者(僭越称帝之人)不可胜数,既覆其族,延及于无辜之民,罔有孑遗(遗留残存)。而吴越地方千里,带甲十万,铸山煮海(比喻善于开发自然资源),象犀珠玉之富甲于天下,然终不失臣节,贡献相望于道。是以其民至于老死不识兵革,四时嬉游,歌舞之声相闻,至于今不废。其有德于斯民甚厚。皇帝受命,四方僭乱,以次削平。西蜀(后蜀)江南,负其险远,兵至城下,力屈势穷,然后束手。而河东刘氏(刘崇建立的北汉政权)百战守死,以抗王师,积骸为城,洒血为池,竭天下之力,仅乃克之。独吴越不待告命(北宋命令吴越归降的文告),封府库,籍郡县,请吏于朝,视去国如传舍,其有功于朝廷甚大。昔窦融以河西归汉(窦融在新莽末期割据河西,后归汉光武帝),光武诏右扶风修其父祖坟茔,祀以太牢。今钱氏功德殆(大概)过于融,而未及百年,坟庙不治,行道(路人)伤嗟,甚非所以劝(鼓励)奖忠臣、慰答民心之义也。臣愿以龙山废佛寺曰妙音院者为观,使钱氏之孙为道士曰自然者居之。凡坟庙之在钱塘者,以付自然。其在临安者,以付其县之净土寺僧曰道微。岁各度其徒一人,使世掌之。籍其地之所入,以时修其祠宇,封植其草木。有不治者,县令呵察之,甚者,易其人,庶几永终不堕,以称朝廷待钱氏之意。臣昧死以闻。"制曰:可。其妙音院赐改名表忠观。

铭曰:天目之山,苕水出焉。龙飞凤舞,萃于临安。笃生异人,绝类离群。奋挺大呼,从者如云。仰天誓江,月星晦蒙。强弩射潮(钱镠率领弓箭手射潮,修海塘以镇波涛),江海为东。杀宏诛昌,奄有(全部占有)吴越。金券(免死铁券)玉册(赐封王位的诏册),虎符龙节(帝王授予臣下调拨军队的重要凭证)。大城其居,包络山川。左江右湖,控引岛蛮。岁时归休,以燕父老。晔如神人,玉带球马(钱镠平生爱好,后梁太祖赐予之)。四十一年,寅畏小心。厥篚(盛物的竹器)相望,大贝(贝类)南金(南方出产的铜)。五胡昏乱,罔堪(哪堪)托国。三王相承,以符有德。既获所归,弗谋弗咨。先王之志,我维行之。天祚(上天赐福)忠孝,世有爵邑。允文允武,子孙千亿。帝谓守臣,治其祠坟。毋俾(使)樵牧,愧其后昆(子孙)。龙山之阳,岿焉斯宫。匪私于钱,惟以劝忠。非忠无君,非孝无亲。凡百有位,视此刻文。

张岱《钱王祠》诗:

扼定东南十四州,五王并不事兜鍪。

英雄球马朝天子,带砺山河拥冕旒。

大树千株被锦绂,钱塘万弩射潮头。

五胡纷扰中华地,歌舞西湖近百秋。

又《钱王祠柱铭》:

力能分土,提乡兵杀宏诛昌;一十四州,鸡犬桑麻,撑住东南半壁。

志在顺天,求真主迎周归宋;九十八年,象犀筐篚,混同吴越一家。

净慈寺

净慈寺,周显德(后周年号)元年钱王俶建,号慧日永明院,迎衢州道潜禅师居之。潜尝欲向王求金铸十八阿罗汉,未白也。王忽夜梦十八巨人随行。翌日,道潜以请,王异而许之,始作罗汉堂。宋建隆(宋太祖年号)初,禅师延寿以佛祖大意,经纶正宗,撰《宗镜录》一百卷,遂作宗镜堂。熙宁中,郡守陈襄延僧宗本居之。岁旱,湖水尽涸。寺西隅甘泉出,有金色鳗鱼游焉,因凿井,寺僧千馀人饮之不竭,名曰圆照井。南渡时,毁而复建,僧道容鸠工(聚集工匠)五岁始成。塑五百阿罗汉,以田字殿贮之。绍兴九年,改赐"净慈报恩光化寺"额。复毁。孝宗时,一僧募缘修殿,日餍酒肉而返,寺僧问其所募钱几何,曰:"尽饱腹中矣。"募化三年,簿上布施金钱,一一开载(逐一记载)明白。一日,大喊街头曰:"吾造殿矣。"复置酒肴,大醉市中,搵喉大呕,撒地皆成黄金,众缘自是毕集,而寺遂落成。僧名济颠(济公,南宋高僧)。识者曰:"是即永明(唐末五代僧永明延寿大师,净土宗第六祖)后身也。"嘉泰(宋宁宗年号)间,复毁,再建于嘉定(宋宁宗年号)三年。寺故闳大(宏大),甲于湖山。翰林程珌(官至礼部尚书)记之,有"湿红映地,飞翠侵霄,檐转鸾翎,阶排雁齿。星垂珠网,宝殿洞乎琉璃;日耀璇题,金椽耸乎玳瑁"之

語。时宰官建议，以京辅佛寺推次甲乙，尊表五山（指禅院五山钱塘灵隐寺、净慈寺，宁波天童寺、育王寺），为诸刹纲领，而净慈与焉。先是，寺僧艰汲（取水艰难），担水湖滨。绍定（宋理宗年号）四年，僧法薰以锡杖扣殿前地，出泉二派，锹为双井，水得无缺。淳祐（宋理宗年号）十年，建千佛阁，理宗书"华严法界正偏知阁"八字赐之。元季，湖寺尽毁，而兹寺独存。明洪武间毁，僧法净重建。正统间复毁，僧宗妙复建。万历（明神宗年号）二十年，司礼监孙隆重修，铸铁鼎，葺钟楼，构井亭，架掉楔（立于正门两边用于纪念或表彰的木柱）。永乐间，建文帝（明太祖朱元璋长孙，即位后年号建文，燕王朱棣发起靖难之役后下落不明，民间传说隐于寺中）隐遁于此寺中，有其遗像，状貌魁伟，迥异常人。

袁宏道《莲花洞小记》：

莲花洞之前为居然亭。亭轩豁可望，每一登览，则湖光献碧，须眉形影，如落镜中。六桥杨柳，一路牵风引浪，萧疏可爱。晴雨烟月，风景互异，净慈之绝胜处也。洞石玲珑若生，巧逾雕镂。余常谓：吴山南屏一派，皆石骨土肤，中空四达，愈搜愈出。近若宋氏园亭，皆搜得者。又紫阳宫石，为孙内使搜出者甚多。噫，安得五丁神将（传说中古蜀国力士，并通蜀道），挽钱塘江水，将尘泥洗尽，出其奇奥，当何如哉！

王思任《净慈寺》诗：

净寺何年出，西湖长翠微。佛雄香较细，云饱绿交肥。
岩竹支僧阁，泉花蹴客衣。酒家莲叶上，鸥鹭往来飞。

小蓬莱

小蓬莱在雷峰塔右，宋内侍甘升（宋孝宗时太监）园也。奇峰如云，古木翁蔚，理宗常临幸。有御爱松，盖数百年物也。自古称为小蓬莱。石上有宋刻"青云岩"、"鳌峰"等字。今为黄贞父先生（万历年间进士，官至江西布政司参议）读书之地，改名"寓林"，题其石为"奔云"。余谓"奔云"得其情，未得其理。石如滇茶一朵，风雨落之，半入泥土，花瓣棱

棱,三四层折。人走其中,如蝶入花心,无须不缀。色黝黑如英石,而苔藓之古,如商彝周鼎入土千年,青绿彻骨也。贞父先生为文章宗匠(有重大成就,众所推崇之人),门人数百人。一时知名士,无不出其门下者。余幼时从大父访先生。先生面黧黑(黑里带黄),多髭须,毛颊,河目海口,眉棱鼻梁,张口多笑。交际酬酢,八面应之。耳聆客言,目睹来牍,手书回札,口嘱傒奴,杂沓于前,未尝少错。客至,无贵贱,便肉、便饭食之,夜即与同榻。余一书记往,颇秽恶,先生寝食之无异也。天启丙寅,余至寓林,亭榭倾圮,堂中窀(zhūn,安葬)先生遗蜕(遗体),不胜人琴之感(睹物思人,痛悼亡友)。今当丁酉,再至其地,墙围俱倒,竟成瓦砾之场。余欲筑室于此,以为东坡先生专祠,往鬻(卖)其地,而主人不肯。但林木俱无,苔藓尽剥。"奔云"一石,亦残缺失次,十去其五。数年之后,必鞠(穷尽)为茂草,荡为冷烟矣。菊水桃源(隐士乐土,胜景仙境),付之一想。

张岱《小蓬莱奔云石》诗:

滇茶初着花,忽为风雨落。簇簇起波棱,层层界轮廓。

如蝶缀花心,步步堪咀嚼。薜萝杂松楸,阴翳罩轻幕。

色同黑漆古,苔斑解竹箨。土绣鼎彝文,翡翠兼丹臒。

雕琢真鬼工,仍然归浑朴。须得十年许,解衣恣盘礴。

况遇主人贤,胸中有丘壑。此石是寒山,吾语尔能诺。

雷峰塔

雷峰者,南屏山之支麓也。穿窿回映,旧名中峰,亦名回峰。宋有雷就者居之,故名雷峰。吴越王于此建塔,始以十三级为准,拟高千尺。后财力不敷,止建七级。古称王妃塔。元末失火,仅存塔心。雷峰夕照,遂为西湖十景之一。曾见李长蘅题画有云:"吾友闻子将尝言:'湖上两浮屠(宝塔),保俶如美人,雷峰如老衲(老和尚)。'予极赏之。辛亥在小筑,与沈方回池上看荷花,辄作一诗,中有句云:'雷峰倚天如醉翁'。严印持见之，跃然曰：'子将老衲不如子醉翁，尤得其情态也。'盖余在湖上山楼，朝夕与雷峰相对，而暮山紫气，此翁颓然其间，尤为醉心。然予诗落句云：'此翁情淡如烟水。'则未尝不以子将老衲之言为宗耳。癸丑十月醉后题。"

林逋《雷峰》诗：

中峰一径分，盘折上幽云。夕照前林见，秋涛隔岸闻。
长松标古翠，疏竹动微薰。自爱苏门啸，怀贤事不群。

张岱《雷峰塔》诗：

闻子状雷峰，老僧挂偏裟。日日看西湖，一生看不足。
时有薰风至，西湖是酒床。醉翁潦倒立，一口吸西江。
惨淡一雷峰，如何擅夕照。遍体是烟霞，掀髯复长啸。
怪石集南屏，寓林为其窟。岂是米襄阳，端严具袍笏。

包衙庄

西湖之船有楼，实包副使涵所创为之。大小三号：头号置歌筵，储歌童；次载书画；再次偫(储藏)美人。涵老以声伎(歌妓)非侍妾比，仿石季伦、宋子京家法(晋代巨富石崇、宋代文学家宋祁，都以蓄妓风流闻名)，都令见客。常靓妆走马，婆姗勃窣(衣裙摇曳，行走缓慢)，穿柳过之，以为笑乐。明槛(栏杆)绮疏，曼讴(轻歌曼舞)其下，抚簌(奏乐)弹筝，声如莺试(雏鹰试啼，优美婉转)。客至，则歌童演剧，队舞鼓吹，无不绝伦。

乘兴一出，住必浃旬(一旬十天)，观者相逐，问其所止。南园在雷峰塔下，北园在飞来峰下。两地皆石薮，积牒磊砢(石头堆积重叠)，无非奇峭。但亦借作溪涧桥梁，不于山上叠山，大有文理(颇具匠心)。大厅以拱斗抬梁，偷(省去)其中间四柱，队舞狮子甚畅。北园作八卦房，园亭如规(圆形)，分作八格，形如扇面。当其狭处，横亘一床，帐前后开合，下里帐则床向外，下外帐则床向内。涵老据其中，扃(门)上开明窗，焚香倚枕，则八床面面皆出。穷奢极欲，老于西湖者二十年。金谷

（石崇的豪宅）、郿坞（东汉董卓豪宅），着一毫寒俭（寒酸）不得，索性繁华到底，亦杭州人所谓"左右是左右"也。西湖大家，何所不有，西子有时亦贮金屋（用"金屋藏娇"典故）。咄咄书空（失意怀恨），则穷措大（穷书生）耳。

陈函辉《南屏包庄》诗：

独创楼船水上行，一天夜气识金银。

歌喉裂石惊鱼鸟，灯火分光入藻蘋。

潇洒西园出声伎，豪华金谷集文人。

自来寂寞皆唐突，虽是通仙亦恨贫。

南高峰

南高峰在南北诸山之界，羊肠佶屈（曲折），松篁葱蒨，非芒鞋布袜，努策支筇（手杖），不可陟也。塔居峰顶，晋天福间建，崇宁（宋徽宗年号）、乾道（宋孝宗年号）两度重修。元季毁。旧七级，今存三级。塔中四望，则东瞰平芜，烟销日出，尽湖中之景。南俯大江，波涛洄洑（湍急回旋的流水），舟楫隐见杳霭（茂盛幽深的林木）间。西接岩窦，怪石翔舞，洞穴邃密。其侧有瑞应（天降祥瑞以应清平时世）像，巧若鬼工。北瞩陵阜，陂陀（倾斜不平）曼延，箭栝丛出，麰（móu，大麦）麦连云。山椒巨石屹如峨冠者，名先照坛，相传道者镇魔处。峰顶有钵盂潭、颍川泉，大旱不涸，大雨不盈。潭侧有白龙洞。

道隐《南高峰》诗：

南北高峰两郁葱，朝朝瀺滪海烟封。

极颠螺髻飞云栈，半岭峨冠怪石供。

三级浮屠巢老鹘，一泓清水鬐痴龙。

倘思济胜烦携具，布袜芒鞋策短筇。

烟霞石屋

由太子湾（南宋庄文、景献两太子停放棺木处）南折而上，为石屋岭。过岭为大仁禅寺，寺左为烟霞石屋。屋高厂（高畅）虚明，行迤二丈六尺，状如轩榭，可布几筵。洞上周镌罗汉五百十六身。其底邃窄通幽，阴翳杳霭。侧有蝙蝠洞，蝙蝠大者如鸦，挂搭连牵，互衔其尾。粪作奇臭，古庙高梁，多受其累。会稽禹庙亦然。由山椒右旋为新庵，王予安羹、陈章侯洪绶尝读书其中。余往访之，见石如飞来峰，初经洗出，洁不去肤，隽不伤骨，一洗杨髡凿佛之惨。峭壁奇峰，忽露生面，为之大快。建炎间，里人避兵其内，数千人皆获免。岭下有水乐洞，嘉泰间为杨郡王（杨存中，北宋名将杨业后人，一生抗金）别圃。垒石筑亭，结构精雅。年久芜秽不治（整治），水乐绝响。贾秋壑以厚直（重金）得之，命寺僧深求水乐所以兴废者，不得其说。一日，秋壑往游，颊睨（俯身看）旁听，悠然有会，曰："谷虚而后能应，水激而后能响，今水潴（蓄积）其中，土壅其外，欲其发响，得乎？"亟命疏壅导潴，有声从洞洞出，节奏自然。二百年胜概，一日始复。乃筑亭，以所得东坡真迹，刻置其上。

苏轼《水乐洞小记》：

钱塘东南有水乐洞，泉流岩中，皆自然宫商。又自灵隐、下天竺而上，至上天竺，溪行两山间，巨石磊磊如牛羊，其声空砼然（隆隆响），真若钟鼓，乃知庄生所谓天籁（自然界的声响），盖无在不有也。

袁宏道《烟霞洞小记》：

烟霞洞，亦古亦幽，凉沁入骨，乳汁浲浲下。石屋虚明开朗，如一片云，敧（歪斜）侧而立，又如轩榭，可布几筵。余凡两过石屋，为佣奴所据，嘈杂若市，俱不得意而归。

张京元《石屋小记》：

石屋寺，寺卑下无可观。岩下石宊，方广十笏，遂以屋称。屋内，好事者置一石榻，可坐。四旁刻石像如傀儡，殊不雅驯（典雅不俗）。想

以幽僻得名耳。出石屋西，上下山坡夹道皆丛桂，秋时着花，香闻数十里，堪称金粟世界。

又《烟霞寺小记》：

烟霞寺在山上，亦荒落，系中贵孙隆易创，颇新整。殿后开宕，取土石骨尽出，巉峭（山势高峻峭拔）可观。由殿右稍上两三盘，经象鼻峰，东折数十武，为烟霞洞。洞外小亭踞之，望钱塘如带。

李流芳《题烟霞春洞画》：

从烟霞寺山门下眺，林壑窈窕，非复人境。李花时尤奇，真琼林瑶岛也。犹记与闲孟、无际，自法相寺至烟霞洞，小憩亭子，渴甚，无从得酒。见两伧（cāng，粗俗）父携榼（盛酒的器具）至，闲孟口流涎，遽从乞饮，伧父不顾。予辈大怪。偶见梁间恶诗，书一板上，乃抉（举起）而掷之。伧父跔踉而走。念此辄喷饭（发笑）不已也。

高丽寺

高丽寺本名慧因寺，后唐天成（后唐明宗年号）二年，吴越钱武肃王建也。宋元丰（宋神宗年号）八年，高丽国王子僧统义天入贡，因请净源法师学贤首教（华严宗）。元祐（宋哲宗年号）二年，以金书汉译《华严经》三百部入寺，施金建华严大阁藏塔以尊崇之。元祐四年，统义天以祭奠净源为名，兼进金塔二座。杭州刺史苏轼疏言："外夷不可使屡入中国，以疏边防，金塔宜却弗受。"神宗从之。元延祐（元仁宗年号）四年，高丽沈王奉诏进香幡经于此。至正末毁。洪武初重葺。俗称高丽寺。础石精工，藏轮（轮藏，寺中可旋转的贮经书架）宏丽，两山所无。万历间，僧如通重修。余少时从先宜人（作者已故母亲，五品命妇封号为宜人）至寺烧香，出钱三百，命舆人推转轮藏，轮转呀呀，如鼓吹初作。后旋转熟滑，藏轮如飞，推者莫及。

法相寺

法相寺俗称长耳相。后唐时，有僧法真，异相，耳长九寸，上过于顶，下可结颐，号长耳和尚。天成二年，自天台国清寒岩来游，钱武肃王待以宾礼，居法相院。至宋乾祐四年正月六日，无疾，坐方丈，集徒众，沐浴，趺跏（双足交叠而坐）而逝。弟子辈漆其真身，供佛龛，谓是定光佛（燃灯佛，又叫定光如来）后身（转世之身）。妇女祈求子嗣者，悬幡设供无虚日。以此法相名著一时。寺后有锡杖泉，水盆活石。僧厨香洁，斋供精良。寺前茭白笋，其嫩如玉，其香如兰，入口甘芳，天下无比。然须在新秋八月，馀时不能也。

袁宏道《法相寺拜长耳和尚肉身戏题》：

轮相居然足，漆光与鉴新。神魂知也未，爪齿幻耶真。

古董休疑容，庄严不待人。饶他金与石，到此亦成尘。

徐渭《法相寺看活石》：

莲花不在水，分叶簇青山。径折虽能入，峰迷不待还。

取蒲量石长，问竹到溪湾。莫怪掩斜日，明朝恐未闲。

张京元《法相寺小记》：

法相寺不甚丽，而香火骈集（聚集）。定光禅师，长耳遗蜕（遗体），妇人谒之，以为宜男（多子），争摩顶腹，漆光可鉴。寺右数十武，度小桥，折而上，为锡杖泉。涓涓细流，虽大旱不竭。经流处，僧置一砂缸，挹注供爨（烧火做饭）。久之，水土锈结，蒲生其上，厚几数寸，竟不见缸质，因名蒲缸。倘可铲置研池炉足，古董家不秦汉不道矣。

李流芳《题法相山亭画》：

去年在法相，有送友人诗云："十年法相松间寺，此日淹留却共君。忽忽送君无长物，半间亭子一溪云。"时与方回、孟旸避暑竹阁，连夜风雨，泉声轰轰不绝。又有题扇头小景一诗："夜半溪阁响，不知风雨歇。起视杳霭间，悠然见微月。"一时会心，不知作何语。今日展此，亦自可思也。壬子十月大佛寺倚醉楼灯下题。

于 坟

　　于坟，于少保公以再造功，受冤身死（于谦，官至少保。明英宗亲征却被瓦剌首领也先所俘，于谦等人拥郕王为帝，于谦击退也先，英宗得以回朝。后石亨发兵拥英宗复辟，并诬陷于谦谋逆，英宗以"意欲"罪处死于谦），被刑之日，阴霾翳（遮蔽）天，行路踊叹。夫人流山海关，梦公曰："吾形殊而魂不乱，独目无光明，借汝眼光见形于皇帝。"翌日，夫人丧其明。会奉天门灾，英庙（英宗）临视，公形见火光中。上悯然念其忠，乃诏贷夫人归。又梦公还眼光，目复明也。公遗骸，都督陈逵密嘱瘗（埋物祭地）藏。继子冕请葬钱塘祖茔，得旨奉葬于此。成化二年，廷议始白（报告）。上遣行人马璇谕祭（天子下旨祭臣下）。其词略曰："当国家之多难，保社稷以无虞（没有忧患，太平无事）；惟公道以自持（自守），为权奸之所害。先帝已知其枉，而朕心实怜其忠。"弘治七年赐谥曰"肃愍"，建祠曰"旌功"。万历十八年，改谥"忠肃"。四十二年，御使杨鹤为公增廓祠宇，庙貌巍焕（高大光彩），属（嘱咐）云间陈继儒作碑记之。碑曰："大抵忠臣为国，不惜死，亦不惜名。不惜死，然后有豪杰之敢（勇气胆量）；不惜名，然后有圣贤之闷（忧烦愤懑）。黄河之排山倒海，是其敢也；既能伏流地中万三千里，又能千里一曲，是其闷也。昔者土木之变，裕陵北狩（英宗被俘北去），公痛哭抗疏，止南迁之议，召勤王（君主的统治受到威胁而动摇时，臣子起兵救援王朝）之师。卤（虏）拥帝至大同，至宣府，至京城下，皆登城谢曰：'赖天地宗社之灵，国有君矣。'此一见《左传》：楚人伏兵车，执宋公以伐宋。公子目夷（春秋时人，殷微子十七世孙，宋襄公同父异母的兄长，著名的政治家军事家。襄公即位，目夷为相）令宋人应之曰：'赖社稷之灵，国已有君矣。'楚人知虽执宋公，犹不得宋国，于是释宋公。又一见《廉颇传》：秦王逼赵王会渑池。廉颇送至境曰：'王行，度道里（路程）会遇（会见）礼毕还，不过（超过）三十日，不还，

181

则请立太子为王，以绝秦望（秦国图谋赵国的愿望）。'又再见《王旦传》：契丹犯边，帝幸（帝王亲临）澶州。旦曰：'十日之内，未有捷报，当何如？'帝默然良久，曰：'立皇太子。'三者，公读书得力处也。由前言之，公为宋之目夷；由后言之，公不为廉颇、旦，何也？呜呼！茂陵（明宪宗卒于茂陵）之立而复废，废而后当立，谁不知之？公之识，岂出王直、李侃、朱英下？又岂出钟同、章纶下？盖公相时度势，有不当言者，有不必言者。当裕陵在卤，茂陵在储，拒父则卫辄（卫国太子蒯聩欲杀卫灵公宠姬南子，事败出逃，卫灵公传位给孙子，即蒯聩的儿子蒯辄，后来蒯聩想回国，蒯辄拒不接纳），迎父则高宗（宋高宗赵构偏安江南，不想迎回徽宗、钦宗二帝），战不可，和不可，无一而可。为制卤地，此不当言也。裕陵既返，见济骞，郕王病，天人攸归，非裕陵而谁？又非茂陵而谁？明率百官，朝请复辟，直以遵晦待时耳，此不必言也。若徐有贞、曹、石夺门之举（石亨等人废景帝，拥英宗复辟），乃变局，非正局；乃劫局，非迟局；乃纵横家局，非社稷大臣局也。或曰：盍去诸？呜呼！公何可去也。公在则裕陵安，而茂陵亦安。若公净之，而公去之，则南宫之锢，不将烛影斧声（帝位更替疑案。宋太祖赵匡胤召其弟光义于烛下对饮，次日晨暴亡而光义继位）乎？东宫之废后（废原太子，景帝立），不将宋之德昭（宋太祖次子赵德昭）乎？公虽欲调郕王之兄弟，而实密护吾君之父子，乃知回銮，公功；其他日得以复辟，公功也；复储亦公功也。人能见所见，而不能见所不见。能见者，豪杰之敢；不能见者，圣贤之闷。敢于任死，而闷于暴君，公真古大臣之用心也哉！"公祠既盛，而四方之祈梦至者接踵，而答如响。

王思任《吊于忠肃祠》诗：

涕割西湖水，于坟望岳坟。孤烟埋碧血，太白黯妖氛。

社稷留还我，头颅掷与君。南城得意骨，何处暮杨闻。

一派笙歌地，千秋寒食朝。白云心浩浩，黄叶泪萧萧。

天柱擎鸿社，人生付鹿蕉。北邙今古讳，几突丽山椒。

张溥《吊于忠肃》诗：

栝柏风严辞月明,至今两袖识书生。

青山魂魄分夷夏,白日须眉见太平。

一死钱塘潮尚怒,孤坟岳渚水同清。

莫言软美人如土,夜夜天河望帝京。

张岱《于少保祠》诗:

平生有力济危川,百二山河去复旋。

宗泽死心援北狩,李纲痛哭止南迁。

渑池立子还无日,社稷呼君别有天。

复辟南宫岂是夺,借公一死取貂蝉。

社稷存亡股掌中,反因罪案见精忠。

以君孤注忧王旦,分我杯羹归太公。

但使庐陵存外邸,自知冕服返桐宫。

属镂赐死非君意,曾道于谦实有功。

杨鹤《于坟华表柱铭》:

赤手挽银河,君自大名垂宇宙。青山埋白骨,我来何处哭英雄。

又《正祠柱铭》:

千古痛钱塘,并楚国孤臣,白马江边,怒卷千堆夜雪。

两朝冤少保,同岳家父子,夕阳亭里,伤心两地风波。

董其昌《于少保祠柱铭》:

赖社稷之灵,国已有君,自分一腔抛热血。

竭股肱之力,继之以死,独留青白在人间。

张岱《于少保柱铭》:

宋室无谋,岁输卤数万币,和议既成,安得两宫归朔漠。

汉家斗智,幸分我一杯羹,挟求非计,不劳三寸返新丰。

张岱《定香桥小记》:

甲戌(崇祯七年)十月,携楚生(朱楚生)住不系园(明末富商在西湖畔建造的一艘游船,得名于《庄子》"泛若不系之舟,虚而遨游者也",许多文人在此宴饮创作诗文)看红叶。至定香桥(现名石平桥,在西湖"花港观鱼"前),

客不期而至者八人:南京曾波臣(画家),东阳赵纯卿,金坛彭天锡(擅长演剧),诸暨陈章侯,杭州杨与民、陆九、罗三,女伶陈素芝。余留饮。章侯携缣素(写字绘画用的白色丝绢)为纯卿画古佛,波臣为纯卿写照,杨与民弹三弦子,罗三唱曲,陆九吹箫。与民复出寸许紫檀界尺,据小梧(木头支架),用北调说《金瓶梅》一剧,使人绝倒(大笑不已)。是夜,彭天锡与罗三、与民串(表演)本腔戏,妙绝;与楚生、素芝串调腔戏(戏曲剧种,也叫掉腔。现在叫"新昌高腔"),又复妙绝。章侯唱村落小歌,余取琴和之,牙牙如语。纯卿笑曰:"恨弟无一长,以侑(劝酒)兄辈酒。"余曰:"唐裴将军旻(唐代将领裴旻,擅长舞剑,他的剑舞与李白诗、张旭书法并称"三绝")居丧,请吴道子(唐代画家,被誉为画圣)画天宫壁度亡母(超度亡故的母亲)。道子曰:'将军为我舞剑一回,庶因猛厉以通幽冥(阴间)。'旻脱缞衣(孝服),缠结,上马驰骤,挥剑入云,高十数丈,若电光下射,执鞘承之,剑透室(剑鞘)而入,观者惊栗。道子奋袂(扬起袖子)如风,画壁立就。章侯为纯卿画佛,而纯卿舞剑,正今日事也。"纯卿跳身起,取其竹节鞭,重三十斤,作胡旋舞(唐代西北少数民族舞蹈)数缠(圈),大噱(笑)而罢。

风篁岭

风篁岭,多苍筤篆筍(青翠的大大小小的竹子),风韵凄清。至此,林壑深沉,迥出尘表。流淙活活,自龙井而下,四时不绝。岭故丛薄荒密。元丰中,僧辨才(宋代高僧,十八岁入灵隐天竺寺,二十五岁时仁宗赐法号"辨才",元丰二年退居龙井不复出入,为龙井茶鼻祖)淬治洁楚(整治山林,开通山道),名曰"风篁岭"。苏子瞻访辨才于龙井,送至岭上,左右惊曰:"远公(东晋高僧慧远)过虎溪矣。"辨才笑曰:"杜子有云:与子成二老,来往亦风流。"遂造亭岭上,名曰"过溪",亦曰"二老"。子瞻记之,诗云:"日月转双毂(gǔ,车轮),古今同一丘。惟此鹤骨老,凛然不知秋。去住两无碍,人土争挽留。去如龙出水,雷雨卷潭湫。来如珠还浦,鱼鳌争骊头。此生暂寄寓，常恐名实浮。我比陶令愧，师为远公优。送我过虎溪，溪水当逆流。聊使此山人，永记二老游。"

李流芳《风篁岭》诗：

林壑深沉处，全凭篆荡迷。片云藏屋里，二老到云栖。

学士留龙井，远公过虎溪。烹来石岩白，翠色映玻璃。

龙　井

南山上下有两龙井。上为老龙井，一泓寒碧，清冽异常，弃之丛薄（茂密的草丛）间，无有过而问之者。其地产茶，遂为两山绝品。再上为天门，可通三竺（杭州灵隐山飞来峰东南的天竺山，有上天竺、中天竺、下天竺三座寺院，合称"三天竺"）。南为九溪，路通徐村，水出江干（江边，江岸）。其西为十八涧，路通月轮山，水出六和塔下。龙井本名延恩衍庆寺。唐乾祐（疑为"乾封"，唐高宗年号）二年，居民募缘改造为报国看经院。宋熙宁中，改寿圣院，东坡书额。绍兴三十一年，改广福院。淳祐六年，改龙井寺。元丰二年，辨才师自天竺归老于此，不复出，与苏子瞻、赵阅道友善。后人建三贤阁祀之，岁久寺圮。万历二十三年，司礼孙公重修，构亭轩，筑桥，锹（挖掘）浴龙池，创霖雨阁，焕然一新，游人骈集。

一片云

神运石（宋徽宗赵佶为在汴京修筑艮岳而从江南搜寻得来的珍奇异石）在龙井寺中，高六尺许，奇怪突兀，特立檐下。有木香一架，穿绕窈窦（孔穴），蟠若龙蛇。正统（明英宗年号）十三年，中贵（宦官，亦泛指皇帝宠爱的近臣）李德（时任浙江总督）驻龙井。天旱，令力士淘之。初得铁牌二十四、玉佛一座、金银一锭，凿大宋元丰年号。后得此石，以八十人舁（抬）起之。上有"神运"二字，旁多款识，漶漫（模糊不清）不可读，不知何代所镌，大约皆投龙以祈雨者也。风篁岭上有一片云石，高可丈许，青润玲珑，巧若镂刻。松磴盘屈，草莽间有石洞，堆砌工致巉岩。石后有片云亭，司礼孙公所构，设石棋枰（棋盘）于前，上镌"兴来临水敲残月，谈罢吟风倚片云"之句。游人倚徙（留连徘徊），不忍遽去（离去）。

秦观《龙井题名记》：

元丰二年，中秋后一日，余自吴兴来杭，东还会稽。龙井有辨才大师，以书邀余入山。比出郭（等到出了城），日已夕，航湖至普宁，遇道人参寥，问龙井所遣篮舆（竹制的座椅，以人力抬，类似轿子），则曰："以不时至，去矣。"是夕，天宇开霁，林间月明，可数毫发。遂弃舟从参寥，策杖并湖而行。出雷峰，度南屏，濯足于惠因涧，入灵石坞，得支径上风篁岭，憩于龙井亭，酌泉据石而饮之。自普宁凡经佛寺十五，皆寂不闻人声。道旁庐舍，灯火隐显，草木深郁，流水激激悲鸣，殆非人间之境。行二鼓，始至寿圣院，谒辨才于朝音堂，明日（第二天）乃还。

张京元《龙井小记》：

过风篁岭，是为龙井，即苏端明（苏轼曾任翰林学士兼端明殿翰林侍读，因称"苏端明"）、米海岳（米芾，曾号"海岳外史"）与辨才往来处也。寺北向，门内外修竹琅琅。并在殿左，泉出石罅，鬒小园池，下复为方池承之。池中各有巨鱼，而水无腥气。池淙淙下泻，绕寺门而出。小座与偕亭，玩一片云石。山僧汲水供茗，泉味色俱清。僧容亦枯寂，视诸山迥异。

王稚登《龙井诗》：

深谷盘回入，灵泉瀺沸流。隔林先作雨，到寺不胜秋。
古殿龙王在，空林鹿女游。一尊斜日下，独为古人留。

袁宏道《龙井》诗：

都说今龙井，幽奇逾昔时。路迂迷旧处，树古失名儿。
渴仰鸡苏佛，乱参玉版师。破筒分谷水，芟草出秦碑。
数盘行井上，百计引泉飞。画壁屯云族，红栏蚀水衣。
路香茶叶长，畦小药苗肥。宏也学苏子，辨才君是非。

张岱《龙井柱铭》：

夜壑泉归，渥洼能致千岩雨；晓堂龙出，崖石皆为一片云。

九溪十八涧

九溪在烟霞岭西，龙井山南。其水屈曲洄环，九折而出，故称九溪。其地径路崎岖，草木蔚秀，人烟旷绝，幽阒静悄，别有天地，自非人间。溪下为十八涧，地故深邃，即缁流（僧徒）非遗世绝俗者，不能久居。按志，涧内有李岩寺（理安寺，在十八涧古浦泉院后）、宋阳和王梅园、梅花径等迹，今都湮没无存。而地复辽远，僻处江干，老于西湖者，各名胜地，寻讨无遗，问及九溪十八涧，皆茫然不能置对。

李流芳《十八涧》诗：

己酉始至十八涧，与孟旸、无际同到徐村第一桥，饭于桥上。溪流淙然，山势回合，坐久不能去。予有诗云："溪九涧十八，到处流活活。我来三月中，春山雨初歇。奔雷与飞霰，耳目两奇绝。悠然向溪坐，况对山嵯峨（cuó niè，高耸的山）。我欲参云栖，此中解脱法。善哉汪子言，闲心随水灭。"无际亦有和余诗，忘之矣。

卷五　西湖外景

【导读】

卷五有十八篇，为《西溪》《虎跑泉》《凤凰山》《宋大内》《梵天寺》《胜果寺》《五云山》《云栖》《六和塔》《镇海楼》《伍公祠》《城隍庙》《火德庙》《芙蓉石》《云居庵》《施公庙》《三茅观》《紫阳庵》，写的是西湖外围的风景和名胜古迹。一一介绍名胜由来沿革当然是惯例，而写得有味道显个性的，如胜果寺中清新的小诗、五云山上清幽的景致、莲池和尚的传奇、施全刺秦桧的勇气等等都给读者留下深刻的印象。最让作者留恋的是西溪"幽僻"的景色，"余谓西湖真江南锦绣之地，入其中者，目厌绮丽，耳厌笙歌，欲寻深溪盘谷，可以避世如桃源、菊水者，当以西溪为最"。"未能赴之，至今犹有遗恨"。最让作者遗憾的是芙蓉石的放置，石头是极好的，但主人缺少眼光见识，放得不是地方，于是作者感叹"但恨主人深爱此石，置之怀抱，半步不离，楼榭逼之，反多厄塞。若得础柱相让，脱离丈许，松石间意，以淡远取之，则妙不可言矣"。这两篇恰好一正一反，让我们对作者的喜好和审美取向有了更深刻的理解。

西　溪

　　粟山高六十二丈,周回十八里二百步。山下有石人岭,峭拔凝立,
形如人状,双髻耸然。过岭为西溪,居民数百家,聚为村市。相传宋南
渡时(宋王朝向南逃亡),高宗初至武林,以其地丰厚,欲都之(在此建都)。
后得凤凰山,乃云:"西溪且留下。"后人遂以名。地甚幽僻,多古梅,梅
格短小,屈曲槎枒(枝杈歧出),大似黄山松。好事者至其地,买得极小
者,列之盆池,以作小景。其地有秋雪庵,一片芦花,明月映之,白如积
雪,大是奇景。余谓西湖真江南锦绣之地,入其中者,目厌(满足,赏够
了)绮丽,耳厌笙歌,欲寻深溪盘谷,可以避世如桃源、菊水(水名,在河南
省内乡,传说饮其水可长寿)者,当以西溪为最。余友江道阍(江浩,明亡后
为僧)有精舍在西溪,招余同隐。余以鹿鹿(忙碌)风尘,未能赴之,至今
犹有遗恨。

　　王稚登《西溪寄彭钦之书》:

　　留武林十日许,未尝一至湖上,然遂穷西溪之胜。舟车程并十八
里,皆行山云竹霭中,衣袂(衣袖)尽绿。桂树大者,两人围之不尽。树
下花覆地如黄金,山中人缚帚扫花,售市上,每担仅当(相当)脱粟(糙
米)之半耳。往岁行山阴道上,大叹其佳,此行似胜。

　　李流芳《题西溪画》:

　　壬子正月晦日,同仲锡、子与自云栖翻白沙岭至西溪。夹路修篁,
行两山间,凡十里,至永兴寺。永兴山下夷旷,平畴远村,幽泉老树,点
缀各各成致。自永兴至岳庙又十里,梅花绵亘,村落弥望如雪,一似余
家西碛山中。是日,饭永兴,登楼啸咏。夜还湖上小筑,同孟旸、印持、
子将痛饮。翼日出册子画此。癸丑十月乌镇舟中题。

　　杨蟠《西溪》诗:

　　为爱西溪好,长忧溪水穷。山源春更落,散入野田中。

　　王思任《西溪》诗:

一岭透天目，千溪叫雨头。石云开绣壁，山骨洗寒流。
鸟道苔衣滑，人家竹语幽。此行不作路，半武百年游。
张岱《秋雪庵诗》：
古宕西溪天下闻，辋川诗是记游文。
庵前老荻飞秋雪，林外奇峰耸夏云。
怪石棱层皆露骨，古梅结屈止留筋。
溪山步步堪盘礴，植杖听泉到夕曛。

虎跑泉

虎跑寺本名定慧寺，唐元和（唐宪宗年号）十四年，性空师所建。宪宗赐号曰广福院。大中（唐宣宗年号）八年，改大慈寺，僖宗乾符三年，加"定慧"二字。宋末毁。元大德（元成宗年号）七年重建。又毁。明正德（明武宗年号）十四年，宝掌禅师重建。嘉靖（明世宗年号）十九年又毁。二十四年，山西僧永果再造。今人皆以泉名其寺云。先是，性空师为蒲坂卢氏子，得法于百丈海，来游此山，乐其灵气郁盘，栖禅其中。苦于无水，意欲他徙（移居他处）。梦神人语曰："师毋患水，南岳有童子泉，当遣二虎驱来。"翼日，果见二虎跑地（用爪子刨地。跑，páo）出泉，清香甘冽。大师遂留。明洪武（明太祖年号）十一年，学士宋濂朝京，道（经过）山下。主僧邀濂观泉，寺僧披衣同举梵咒（菩萨所发密语，如六字真言），泉鬻沸（bì fèi，泉水涌出貌）而出，空中雪舞。濂心异之（认为很奇异），为作铭以记。城中好事者取以烹茶，日去千担。寺中有调水符（苏轼用来辨别书童所取水的竹管，戏称为"调水符"），取以为验。

苏轼《虎跑泉》诗：
亭亭石榻东峰上，此老初来百神仰。
虎移泉眼趋行脚，龙作浪花供抚掌。
至今游人灌濯罢，卧听空阶环玦响。
故知此老如此泉，莫作人间去来想。

袁宏道《虎跑泉》诗：

竹林松涧净无尘，僧老当知寺亦贫。

饥鸟共分香积米，枯枝常足道人薪。

碑头字识开山偈，炉里灰寒护法神。

汲取清泉三四盏，芽茶烹得与尝新。

凤凰山

唐宋以来，州治皆在凤凰山麓。南渡驻跸（帝王出行，途中停车），遂为行宫。东坡云"龙飞凤舞入钱塘"，兹盖其右翅（山的右翼）也。自吴越以逮（到）南宋，俱于此建都，佳气扶舆（盘旋升腾的样子），萃于一脉。元时惑于杨髡之说（杨髡，元代江南释教总管，曾发掘南宋帝陵，盗取随葬珍宝，修建寺庙），即故宫建立五寺，筑镇南塔以厌（压）之，而兹山到今落寞。今之州治，即宋之开元（开国）故宫，乃凤凰之左翅也。明朝因之，而官司藩臬（泛指官府）皆列左方，为东南雄会。岂非王气移易，发泄有时也。故山川坛、八卦田、御教场、万松书院（王阳明讲学处，传说梁祝读书处）、天真书院，皆在凤凰山之左右焉。

苏轼《题万松岭惠明院壁》：

余去此十七年，复与彭城张圣途、丹阳陈辅之同来。院僧梵英，葺治堂宇，比旧加严洁。茗饮芳烈，问："此新茶耶？"英曰："茶性，新旧交则香味复。"余尝见知琴者，言琴不百年，则桐之生意（生命力）不尽，缓急清浊（琴声的变化），常与雨旸（晴天）寒暑相应。此理与茶相近，故并记之。

徐渭《八仙台》诗：

南山佳处有仙台，台畔风光绝素埃。

嬴女只教迎凤入，桃花莫去引人来。

能令大药飞鸡犬，欲傍中央剪草莱。

旧伴自应寻不见，湖中无此最深隈。

袁宏道《天真书院》诗：

百尺颓墙在，三千旧事闻。野花粘壁粉，山鸟煽炉煜。

江亦学之字，田犹画卦文。儿孙空满眼，谁与荐荒芹。

宋大内

《宋元拾遗记》：高宗好耽山水，于大内中更（另外）造别院，曰小西湖。自逊位（让位）后，退居是地，奇花异卉，金碧辉煌，妇寺（宫中的嫔妃和太监）宫娥充斥其内，享年八十有一。按钱武肃王年亦八十一，而高宗与之同寿，或曰："高宗即武肃后身也。"《南渡史》又云："徽宗在汴时，梦钱王索还其地，是日即生高宗，后果南渡，钱王所辖之地，尽属版图。畴昔之梦，盖不爽矣。"元兴，杨琏真伽（杨髡，元代江南释教总管，曾发掘南宋帝陵，盗取随葬珍宝，修建寺庙）坏大内以建五寺，曰报国，曰兴元，曰般若，曰仙林，曰尊胜，皆元时所建。按志，报国寺即垂拱殿，兴元即芙蓉殿，般若即和宁门，仙林即延和殿，尊胜即福宁殿。雕梁画栋，尚有存者。白塔计高二百丈，内藏佛经数十万卷，佛像数千，整饰华靡。取宋南渡诸宗骨殖，杂以牛马之骼，压于塔下，名以镇南。未几，为雷所击，张士诚（抗元起义领袖）寻（不久）毁之。

谢皋羽《吊宋内》诗：

复道垂杨草乱交，武林无树是前朝。

野猿引子移来宿，搅尽花间翡翠巢。

隔江风雨动诸陵，无主园林草自春。

闻说光尧皆堕泪，女官犹是旧宫人。

紫宫楼阁逼流霞，今日凄凉佛子家。

寒照下山花雾散，万年枝上挂袈裟。

禾黍何人为守阍，落花台殿暗销魂。

朝元阁下归来燕，不见当时鹦鹉言。

黄晋卿《吊宋内》诗：

沧海桑田事渺茫，行逢遗老叹荒凉。

为言故国游麋鹿，漫指空山号凤凰。

春尽绿莎迷辇道，雨多苍翠上宫墙。

遥知汴水东流畔，更有平芜与夕阳。

赵孟《宋内》诗：

东南都会帝王州，三月莺花非旧游。

故国金人愁别汉，当年玉马去朝周。

湖山靡靡今犹在，江水茫茫只自流。

千古兴亡尽如此，春风麦秀使人愁。

刘基《宋大内》诗：

泽国繁华地，前朝此建都。青山弥百粤，白水入三吴。

艮岳销王气，坤灵肇帝图。两宫千里恨，九子一身孤。

设险凭天堑，偷安负海隅。云霞行殿起，荆棘寝园芜。

币帛敦和议，弓刀抑武夫。但闻当伫奏，不见立廷呼。

鬼蜮昭华衮，忠良赐属镂。何劳问社稷，且自作欢娱。

秔稻来吴会，龟鼋出巨区。至尊巍北阙，多士乐西湖。

鹢首驰文舫，龙鳞舞绣襦。暖波摇璧积，凉月浸氍毹。

紫桂秋风老，红莲晓露濡。巨鳌擎拥剑，香饭漉雕胡。

蜗角乾坤大，鳌头气势殊。秦庭迷指鹿，周室叹瞻乌。

玉马违京辇，铜驼掷路衢。含容天地广，养育羽毛俱。

橘柚驰包贡，涂泥赋上腴。断犀埋越棘，照乘走隋珠。

吊古江山在，怀今岁月逾。鲸鲵空渤澥，歌咏已唐虞。

鸥革愁何极，羊裘钓不迂。征鸿暮南去，回首忆莼鲈。

梵天寺

梵天寺在山川坛后，宋乾德（宋太祖年号）四年，钱吴越王建，名南塔。治平十年，改梵天寺。元元统（元顺帝年号）中毁，明永乐（明成祖年号）十五年重建。有石塔二、灵鳗井、金井。先是，四明（宁波）阿育王寺有灵鳗井。武肃王迎阿育王舍利归梵天寺奉之，凿井南廊，灵鳗忽见（忽然出现），僧赞有记。东坡倅（任州郡副职官员）杭时，寺僧守诠住此。东坡过访，见其壁间诗有："落日寒蝉鸣，独归林下寺。柴扉夜未掩，片月随行履。惟闻犬吠声，又入青萝去。"东坡援笔和之曰："但闻烟外钟，不见烟中寺。幽人行未已，草露湿芒履（草鞋）。惟应山头月，夜夜照来去。"清远幽深，其气味自合。

苏轼《梵天寺题名》：

余十五年前，杖藜芒履，往来南北山。此间鱼鸟皆相识，况诸道人乎！再至惘然，皆晚生相对，但有（只有）怆恨。子瞻书。

元祐四年十月十七日，与曹晦之、晁子庄、徐得之、王元直、秦少章同来，时主僧皆出，庭户寂然，徙倚（徘徊）久之。东坡书。

胜果寺

胜果寺，唐乾宁（唐昭宗年号）间，无着禅师建。其地松径盘纡，涧淙潺潺（水声）。罗刹石在其前，凤凰山列其后，江景之胜无过此。出南塔而上，即其地也。宋熙宁（宋神宗年号）间，在寺僧清顺住此。顺约介寡交（性格孤傲，少与人交往），无大故（重要的缘故）不入城市。士夫有以米粟馈者，受不过数斗，盎贮几上，日取二三合（十合为一升）啖（吃）之，蔬笋之供，恒（长时间）缺乏也。一日，东坡至胜果，见壁间有小诗云："竹暗不通日，泉声落如雨。春风自有期，桃李乱深坞。"问谁所作，或以清顺对。东坡即与接谈，声名顿起。

僧圆净《胜果寺》诗：

深林容鸟道，古洞隐春萝。天迥闻潮早，江空得月多。

冰霜丛草木，舟楫玩风波。岩下幽栖处，时闻白石歌。

僧处默《胜果寺》诗：

路自中峰上，盘回出薜萝。到江吴地尽，隔岸越山多。

古木丛青蔼，遥天浸白波。下方城郭近，钟磬杂笙歌。

五云山

五云山去（距离）城南二十里，冈阜深秀，林峦蔚起，高千丈，周回（周围、方圆）十五里。沿江自徐村进路，绕山盘曲而上，凡（总共）六里，有七十二湾，石磴千级。山中有伏虎亭，梯以石城（台阶），以便往来。至顶半，冈名月轮山，上有天井，大旱不竭。东为大湾，北为马鞍，西为云坞，南为高丽，又东为排山。五峰森列，驾轶云霞，俯视南北两峰，若锥朋立（并排耸立）。长江带绕（钱塘江像带子一样绕着山峰），西湖镜开，江上帆樯，小若鸥凫，出没烟波，真奇观也。宋时每岁腊前，僧必捧雪表（庆贺瑞雪的表文）进，黎明入城中，霰犹未集，盖其地高寒，见雪独早也。山顶有真际寺，供五福神，贸易者必到神前借本，持其所挂楮镪（祭祀时焚化的纸钱）去，获利则加倍还之。借乞甚多，楮镪恒缺。即尊神放债，亦未免穷愁。为之掀髯一笑。

袁宏道《御教场小记》：

余始慕五云之胜，刻期（限定日期）欲登，将以次登南高峰。及一观御教场，游心顿尽。石篑尝以余不登保俶塔为笑。余谓西湖之景，愈下愈冶（漂亮），高则树薄山瘦，草髡（秃）石秃，千顷湖光，缩为杯子。北高峰、御教场是其样也。虽眼界稍阔，然我身长不过六尺，睁眼不见十里，安用许（如此）大地方为哉！石篑无以难。

云 栖

云栖，宋熙宁间有僧志逢者居此，能伏虎，世称伏虎禅师。天禧（宋真宗年号）中，赐"真济院"额。明弘治（明孝宗年号）间为洪水所圮。隆庆（明穆宗年号）五年，莲池大师（明末四高僧之一）名袾宏，字佛慧，仁和沈氏子，为博士弟子，试必高等，性好清净，出入二氏（佛道两家）。子

殇妇殁（儿子夭折，妻子去世）。一日阅《慧灯集》，失手碎茶瓯，有省（醒悟），乃视妻子（妻子儿女）为鹳臭（狐臭）布衫，于世相（世间相）一笔尽勾。作歌寄意，弃而专事佛，虽学使者屠公（屠羲英，曾任浙江提学副使）力挽之，不回也。从蜀师剃度受具（受戒），游方至伏牛，坐炼呓语，忽现旧习，而所谓一笔勾者，更隐隐现。去经东昌府谢居士家，乃更（重新）释然，作偈曰："二十年前事可疑，三千里外遇何奇。焚香执戟浑如梦，魔佛空争是与非。"当是时，似已惑破心空，然终不自以为悟。归得古云栖寺旧址，结茅默坐，悬铛煮糜，日仅一食。胸挂铁牌，题曰："铁若开花，方与人说。"久之，檀越（施主）争为构室（建造寺庙），渐成丛林，弟子日进。其说主南山（佛教南山宗）戒律，东林净土（佛教净土宗），先行《戒疏发隐》，后行《弥陀疏钞》（两书皆为莲池所著）。一时江左诸儒皆来就正。王侍郎宗沐（刑部左侍郎）问："夜来老鼠唧唧，说尽一部《华严经》？"师云："猫儿突出时如何自代？云走却法师，留下讲案。"又书颂云："老鼠唧唧，《华严》历历。奇哉王侍郎，却被畜生惑。猫儿突出画堂前，床头说法无消息。大方广佛《华严经》，世主妙严品第一。"其持论严正，诘解（解释）精微。监司守相（按察使），下车就语，侃侃略无屈。海内名贤，望而心折。孝定皇太后（明神宗生母李太后）绘像宫中礼焉，赐蟒裌袈，不敢服，被衲敝帏（穿着破旧的僧衣），终身无改。斋惟蔬菜（瓜菜）。有至寺者，高官舆从，一概平等，几无加豆（添菜）。仁和樊令（仁和知县）问："心杂乱，何时得静？"师曰："置之一处，无事不办。"坐中一士人曰："专格一物（专门研究一件事情），是置之一处，办得何事？"师曰："论格物，只当依朱子豁然贯通去（朱熹提出"格物致知"之说），何事不办得？"或问："何不贵前知？"师曰："譬如两人观《琵琶记》（元末高明创作的传奇剧），一人不曾见，一人见而预道之，毕竟同看终场，能增减一出否耶？"甬东屠隆于净慈寺迎师观所著《昙花传奇》（屠隆所著传奇故事《昙花记》，），虞淳熙以师梵行素严（遵守戒律一向严格），阻之。师竟偕诸绅衿（地方上的绅士生员等有身份的人）临场谛观讫，无所忤（怨怒）。寺必设戒，绝钗钏声（妇人饰物的发出的声音，代指妇女），而时抚琴弄箫，以

乐其牌神。晚著《禅关策进》。其所述，峭似高峰、冷似冰者，庶几似之矣。喜乐天之达，选行其诗。平居笑谈谐谑，洒脱委蛇（雍容自得），有永公（东晋僧人）清散之风。未尝一昧槁木死灰，若宋旭所议担板汉（呆笨的汉子），真不可思议人也。出家五十年，种种具嘱语中。万历乙卯六月晦日（月末最后一天），书辞诸友，还山设斋，分表施衬（施舍财物给众僧），若将远行者。七月三日，卒仆（卧倒）不语，次日复醒。弟子辈问后事，举（全部）嘱语对。四日之午，命移面西向，循首开目，同无疾时，哆哪（微微张嘴）念佛，跌坐（盘腿端坐）而逝。往吴有神李崑降毗山，谓师是古佛。而杨靖安万春（上杭知县）尝见师现佛身，施食吴中。一信士窥空室，四鬼持灯至，忽列三莲座，师坐其一，佛像也。乩（占卜）仙之灵者云，张果听师说《心赋》于永明李屯部，妇素不信佛，偏受师戒，逾年屈三指化云，身是梵僧阿那吉多。而僧俗将坐脱（去世、圆寂）时，多请说戒、说法。然师自名凡夫，诸事恐呵责，不敢闻。化前一日，漏语见一大莲华盖，不复能秘其往生之奇云。

袁宏道《云栖小记》：

云栖在五云山下，篮舆行竹树中，七八里始到，奥僻非常，莲池和尚栖止处也。莲池戒律精严，于道虽不大彻，然不为无所见者。至于单提念佛一门，则尤为直捷简要，六个字（南无阿弥陀佛）中，旋天转地，何劳捏日，更趋狂解，然则虽谓莲池一无所悟可也。一无所悟，是真阿弥，请急着眼。

李流芳《云栖春雪图跋》：

余春夏秋常在西湖，但（只是）未见寒山而归。甲辰，同二王（王淑士、王平仲兄弟）参云栖。时已二月，大雪盈尺。出赤山步，一路琼枝玉干，披拂照曜。望江南诸山，皑皑云端，尤可爱也。庚戌秋，与白民（朱鹭，在苏州莲花峰修佛）看雪两堤（西湖的苏堤、白堤）。余既归，白民独留，迟雪至腊尽。是岁竟无雪，怏怏而返。世间事各有缘，固不可以意求也。癸丑阳月（农历十月）题。

又《题雪山图》：

甲子嘉平月九日大雪,泊舟阊门(苏州西城门),作此图。忆往岁在西湖遇雪,雪后两山出云,上下一白,不辩其为云为雪也。余画时目中有雪,而意中有云,观者指为云山图,不知乃画雪山耳。放笔一笑。

张岱《赠莲池大师柱对》:

说法平台,生公(晋末高僧竺道生的尊称。相传生公曾于苏州虎丘立石为徒讲《涅槃经》。至微妙处,石皆点头。)一语石一语;栖真斗室,老僧半间云半间。

六和塔

月轮峰在龙山之南。月轮者,肖其形也。宋张君房为钱塘令,宿月轮山,夜见桂子下塔雾,旋穟散坠,如牵牛子。峰旁有六和塔,宋开宝(宋太祖年号)三年,智觉禅师筑之以镇江潮。塔九级,高五十馀丈,撑空突兀,跨陆府川。海船方泛者,以塔灯为之向导。宣和中,毁于方腊之乱(北宋末年,歙县农民因赋役繁重而起义,后失败被俘)。绍兴二十三年,僧智昙改造七级。明嘉靖十二年毁。中有汤思退(南宋宰相)等汇写《佛说四十二章》、李伯时(北宋著名画家李公麟)石刻观音大士像。塔下为渡鱼山,隔岸剡(剡溪,在浙江)中诸山,历历可数也。

李流芳《题六和塔晓骑图》:

燕子矶上台,龙潭驿口路。昔时并马行,梦中亦同趣。

后来五云山,遥对西兴渡。绝壁瞰江立,恍与此境遇。

人生能几何,江山幸如故。重来复相携,此乐不可喻。

置身画图中,那复言归去。行当寻云栖,云栖渺何处。

此予甲辰与王淑士平仲参云栖舟中为题画诗,今日展予所画《六和塔晓骑图》,此境恍然,重为题此。壬子十月六日,定香桥舟中。

吴琚《六和塔应制》词:

玉虹遥挂,望青山、隐隐如一抹。忽觉天风吹海立,好似春雷初发。白马凌空,琼鳌驾水,日夜朝天阙。飞龙舞凤,郁葱环拱吴越。

此景天下应无,东南形胜,伟观真奇绝。好似吴儿飞彩帜,蹴起一江秋雪。黄屋天临,水犀云拥,看击中流楫。晚来波静,海门飞上明月。(右调《酹江月》)

杨维桢《观潮》诗:

八月十八睡龙死,海龟夜食罗刹水。

须臾海辟鼋鼍门,地卷银龙薄于纸。

艮山移来天子宫,宫前一箭随西风。

劫灰欲洗蛇鬼穴,婆留折铁犹争雄。

望海楼头夸景好,断鳌已走金银岛。

天吴一夜海水移,马蹀沙田食沙草。

厓山楼船归不归,七岁呱呱啼轵道。

徐渭《映江楼看潮》诗:

鱼鳞金甲屯牙帐,翻身却指潮头上。

秋风吹雪下江门,万里琼花卷层浪。

传道吴王渡越时,三千强弩射潮低。

今朝筵上看传令,暂放胥涛掣水犀。

镇海楼

镇海楼旧名朝天门,吴越王钱氏建。规(规制)石为门,上架危楼(高楼)。楼基垒石,高四丈四尺,东西五十六步,南北半之。左右石级登楼,楼连基高十有一丈。元至正(元顺帝年号)中,改拱北楼。明洪武八年,更名来远楼,后以字画不祥,乃更名镇海。火于成化(明宪宗年号)十年,再造于嘉靖(明世宗年号)三十五年,是年九月又火,总制胡宗宪重建。楼成,进(召见)幕士徐渭曰:"是当记(这个该写记),子为我草(你为我写草稿)。"草就以进,公赏之,曰:"闻子久侨(寄居异乡)矣。趋召掌计(掌管计簿的人),廪银(库银)之两百二十为秀才庐。"渭谢侈不敢(认为奖赏太过辞谢不敢领受)。公曰:"我愧晋公,子于是文乃遂能愧湜

(shí,清廉),倘用福先寺事数字以责我酬,我其薄矣,何侈为!"渭感公语,乃拜赐持归。尽橐中卖文物如公数,买城东南地十亩,有屋二十有二间,小池二,以鱼以荷;木之类,果木材三种,凡数十株;长篱亘亩,护以枸杞,外有竹数十个,笋进云。客至,网鱼烧笋,佐以落果,醉而咏歌。始屋陈而无次,稍序新之,遂颜其堂曰"酬字"。

徐渭《镇海楼记》:

镇海楼相传为吴越钱氏所建,用以朝望汴京,表臣服之意。其基址、楼台、门户、栏楯(栏杆),极高广壮丽,具(都)载别志中。楼在钱氏时,名朝天门。元至正中,更名拱北楼。皇明洪武八年,更名来远。时有术者,病其名之书画不祥(认为书写的楼名不吉祥),后果验,乃更今名。火(火灾楼毁)于成化十年,再建。于嘉靖三十五年九月又火。予奉命总督直浙闽军务,开府于杭,而方移师治寇,驻嘉兴。比(等到)归,始与某官某等谋复之。人有以不急病者。予曰:"镇海楼建当府城之中,跨通衢,截吴山麓,其四面有名山大海、江湖潮汐之胜,一望苍茫,可数百里。民庐舍百万户,其间村市官私之景,不可亿计,而可以指顾得者,惟此楼为杰特之观。至于岛屿浩渺,亦宛在吾掌股间。高骞长骞(形容楼高大雄伟),有俯压百蛮(外族夷蛮)气。而东夷之以贡献过此(因进贡而经过此楼)者,亦往往瞻拜低回而始去。故四方来者,无不趋仰以为观游的。如此者累数百年,而一旦废之,使民若失所归,非所以昭太平、悦远迩(远近)。非特如此已也,其所贮钟鼓刻漏之具,四时气候之榜,令民知昏晓(白天黑夜),时作息,寒暑启闭,桑麻种植渔佃,诸如此类,是居者之指南也。而一旦废之,使民懵然迷所往,非所以示节序,全利用。且人传钱氏以臣服宋而建,此事昭著已久。至方国珍(台州人,反元起事后归降朱元璋)时,求缓死于我高皇(明太祖朱元璋),犹知借缪事以请。诚使今海上群丑而亦得知钱氏事,其祈款如珍之初词,则有补于臣道不细,顾可使其迹湮没而不章(彰显)耶?予职清海徼(近海地区),视今日务,莫有急于此者。公等第营之,毋浚征于民,而务先以己。"于是予与某官某等,捐于公者计银凡若干,募于民者若干。遂

集工材,始事于某年月日。计所构,甃(砌)石为门,上架楼,楼基垒石,高若干丈尺。东西若干步,南北半之。左右级曲而达于楼,楼之高又若干丈。凡七楹,础百。巨钟一,鼓大小九,时序榜各有差,贮其中,悉如成化时制。盖历几年月而成。始楼未成时,剧寇(剧贼、海盗)满海上,予移师往讨,日不暇至。于今五年,寇剧者禽,来者遁,居者慑不敢来,海始晏然(安宁),而楼适成,故从其旧名“镇海”。

张岱《镇海楼》诗:

钱氏称臣历数传,危楼突兀署朝天。

越山吴地方隅尽,大海长江指顾连。

使到百蛮皆礼拜,潮来九折自盘旋。

成嘉到此经三火,皆值王师靖海年。

都护当年筑废楼,文长作记此中游。

适逢困鳄来投辖,正值饥鹰自下韝。

严武题诗属杜甫,曹瞒拆字忌杨修。

而今纵有青藤笔,更讨何人数字酬!

伍公祠

吴王既赐子胥死(伍子胥因谏臣所间,被吴王夫差赐死),乃取其尸盛以鸱夷之革(革囊),浮之江中(伍子胥临死说,请将我的眼珠挖出悬挂在城门上,看越国入城灭吴。夫差大怒,将其尸体装在皮囊中,投入江中)。子胥因流扬波,依潮来往,荡激堤岸,势不可御。或有见(有人看见)其银铠雪狮,素(白色)车白马,立在潮头者,遂为之立庙。每岁仲秋既望(八月十六),潮水极大,杭人以旗鼓迎之。弄潮之戏,盖始于此。宋大中祥符(宋真宗年号)间,赐额曰“忠靖”,封英烈王。嘉、熙间,海潮大溢。京兆赵与权祷于神,水患顿息,乃奏建英卫阁于庙中。元末毁,明初重建。有唐卢元辅《胥山铭序》、宋王安石《庙碑铭》。

高启《伍公祠》诗:

地大天荒霸业空,曾于青史叹遗功。

鞭尸楚墓生前孝,抉眼吴门死后忠。

魂压怒涛翻白浪,剑埋冤血起腥风。

我来无限伤心事,尽在吴山烟雨中。

徐渭《伍公庙》诗:

吴山东畔伍公祠,野史评多无定词。

举族何辜同刘草,后人却苦论鞭尸。

退耕始觉投吴早,雪恨终嫌入郢迟。

事到此公真不幸,镯镂依旧遇夫差。

张岱《伍相国祠》诗:

突兀吴山云雾迷,潮来潮去大江西。

两山吞吐成婚嫁,万马奔腾应鼓鼙。

清浊溷淆天覆地,玄黄错杂血连泥。

旌幢幡盖威灵远,檄到娥江取候齐。

从来潮汐有神威,鬼气阴森白日微。

隔岸越山遗恨在,到江吴地故都非。

钱塘一臂鞭雷走,匔赭双颐噀雪飞。

灯火满江风雨急,素车白马相君归。

城隍庙

吴山城隍庙,宋以前在皇山,旧名永固,绍兴(宋高宗年号)九年徙建于此。宋初,封其神,姓孙名本。永乐(明成祖年号)时,封其神,为周新。新,南海人,初名日新。文帝(明成祖朱棣)常呼"新",遂为名。以举人为大理寺评事,有疑狱,辄一语决白之。永乐初,拜监察御史,弹劾敢言,人目为"冷面寒铁"。长安中以其名止儿啼。转云南按察使,改浙江。至界,见群蚋(小蚊子)飞马首,尾之薮中,得一暴尸,身馀一钥、一小铁识。新曰:"布贾也。"收取之。既至,使人入市市中布,一一验其端，与识同者皆留之。鞫得盗，召尸家人与布，而置盗法，家人大惊。新坐堂，有旋风吹叶至，异之。左右曰："此木城中所无，一寺去城差远，独有之。"新曰："其寺僧杀人乎？而冤也。"往树下，发得（挖出）一妇人尸。他日，有商人自远方夜归，将抵舍，潜置金丛祠石罅中，旦取无有。商白（报告）新。新曰："有同行者乎？"曰："无有。""语人（告诉别人）乎？"曰："不也，仅语小人妻。"新立命械其妻，考之，得其盗，则其私也。则客暴至，私者在伏匿听取之者也。凡新为政，多类此。新行部（巡行所属部域，考核政绩），微服视属县，县官触（遇到）之，收系狱，遂尽知其县中疾苦。明日，县人闻按察使来，共迓（迎接）不得。新出狱曰："我是。"县官大惊。当是时，周廉使名闻天下。锦衣卫指挥纪纲者最用事（掌权），使千户（武官）探事浙中，千户作威福，受赇（受贿）。会新入京，遇诸涂，即捕千户系涂狱。千户逸（潜逃）出，诉纲，纲更诬奏新。上怒，逮之，即至，抗严陛前曰："按察使擒治奸恶，与在内都察院同，陛下所命也，臣奉诏书死，死不憾矣。"上愈怒，命戮之。临刑大呼曰："生作直臣，死作直鬼！"是夕，太史奏文星（文曲星）坠，上不怿（不开心），问左右周新何许人。对曰："南海。"上曰："岭外乃有此人。"一日，上见绯而立者，叱之，问为谁。对曰："臣新也。上帝谓臣刚直，使臣城隍浙江，为陛下治奸贪吏。"言已不见。遂封新为浙江都城隍，立庙吴山。

张岱《吴山城隍庙》诗：

宣室殷勤问贾生，鬼神情状不能名。

见形白日天颜动，浴血黄泉御座惊。

革伴鸱夷犹有气，身殉豺虎岂无灵。

只愁地下龙逢笑，笑尔奇冤遇圣明。

尚方特地出枫宸，反向西郊斩直臣。

思以鬼言回圣主，还将尸谏退金人。

血诚无藉丹为色，寒铁应教金铸身。

坐对江潮多冷面，至今冤气未曾伸。

又《城隍庙柱铭》：

厉鬼张巡，敢以血身污白日；阎罗包老，原将铁面比黄河。

火德庙

火德祠在城隍庙右，内为道士精庐（僧舍）。北眺西冷，湖中胜概（美景），尽作盆池小景。南北两峰如研山在案（山形的砚台放在桌案上），明圣二湖如水盂在几。窗棂门楗凡见湖者，皆为一幅图画。小则斗方（一尺见方的册页书画），长则单条（单幅的条幅），阔则横披，纵则手卷（能卷舒而不能悬挂的横幅书画长卷），移步换影。若遇韵人（雅人），自当解衣盘礴（不拘形迹，旷放自适）。画家所谓水墨丹青，淡描浓抹，无所不有。昔人（指吕洞宾）言"一粒粟中藏世界，半升铛里煮山川"，盖谓此也。火居道士（有妻室的道士）能为阳羡（江苏宜兴）书生，则六桥三竺（泛指杭州西湖美景），皆是其鹅笼中物矣。

张岱《火德祠》诗：

中郎评看湖，登高不如下。千顷一湖光，缩为杯子大。

余爱眼界宽，大地收隙罅。瓮牖与窗棂，到眼皆图画。

渐入亦渐佳，长康食甘蔗。数笔倪云林，居然胜荆、夏。

刻画非不工，淡远长声价。余爱道士庐，宁受中郎骂。

芙蓉石

芙蓉石今为新安（徽州）吴氏书屋。山多怪石危峦，缀以松柏，大皆合抱（两臂环抱）。阶前一石，状若芙蓉，为风雨所坠，半入泥沙。较之寓林奔云（奔云石），尤为苗壮。但恨主人深爱此石，置之怀抱，半步不离，楼榭逼之（靠得很近），反多厄塞（狭小梗塞）。若得础柱相让，脱离丈许，松石间意，以淡远取之，则妙不可言矣。吴氏世居上山，主人年十八，身无寸缕，人轻之（鄙视他），呼为吴正官。一日早起，拾得银簪一枝，重二铢，即买牛血煮之以食破落户。自此经营五十馀年，由徽抵

燕，为吴氏之典铺八十有三。东坡曰："一簪之资，可以致富。"观之吴氏，信有然矣。盖此地为某氏花园，先大夫（作者先祖父）以三百金折其华屋，徙造寄园，而吴氏以厚值（重价）售其弃地，在当时以为得计。而今至吴园，见此怪石奇峰，古松茂柏，在怀之璧，得而复失，真一回相见，一回懊悔也。

张岱《芙蓉石》诗：

吴山为石窟，是石必玲珑。此石但浑朴，不复起奇峰。
花瓣几层折，堕地一芙蓉。痴然在草际，上覆以长松。
濯磨如结铁，苍翠有苔封。主人过珍惜，周护以墙墉。
恨无舒展地，支鹤闭韬笼。仅堪留几席，聊为怪石供。

云居庵

云居庵在吴山居鄙（边上）。宋元祐（宋哲宗年号）间，为佛印禅师（宋代僧人，苏轼好友）所建。圣水寺，元元贞（元成宗年号）间，为中峰禅师所建。中峰又号幻住，祝发（削发出家）时，有故宋宫人杨妙锡者，以香盒贮发，而舍利丛生，遂建塔寺中，元末毁。明洪武二十四年，并圣水于云居，赐额曰"云居圣水禅寺"。岁久殿圮，成化间僧文绅修复之。寺中有中峰自写小像，上有赞云："幻人无此相，此相非幻人。若唤作中峰，镜面添埃尘。"向（先前）言六桥有千树桃柳，其红绿为春事浅深，云居有千树枫柏，其红黄为秋事浅深，今且以薪以槱（yóu，柴），不可复问矣。曾见李长蘅题画曰："武林城中招提之胜，当以云居为最。山门前后皆长松，参天蔽日，相传以为中峰手植，岁久浸淫，为寺僧剪伐，什不存一，见之辄有老成凋谢之感。去年五月，自小筑至清波，访友寺中，落日坐长廊，沽酒小饮已，裴回城上，望凤凰、南屏诸山，沿月踏影而归。翌日，遂为孟旸画此，殊可思也。"

李流芳《云居山红叶记》：

余中秋看月于湖上者三，皆不及待红叶而归。前日舟过塘栖（在杭州余杭),见数树丹黄可爱,跃然思灵隐、莲峰之约,今日始得一践。及至湖上,霜气未遍,云居山头,千树枫柏(乌桕树)尚未有酣意,岂余与红叶缘尚悭与?因忆往岁忍公有代红叶招余诗,余亦率尔有答,聊记于此:"二十日西湖,领略犹未了。一朝别尔归,此游殊草草。当我欲别时,千山秋已老。更得少日留,霜酣变林杪。子常为我言,灵隐枫叶好。千红与万紫,乱插向晴昊。烂然列锦锈,森然建旃旗。一生未得见,何异说食饱。"

高启《宿幻住栖霞台》诗:

窗白鸟声晓,残钟渡溪水。此生幽梦回,独在空山里。
松岩留佛灯,叶地响僧履。予心方湛寂,闲卧白云起。

夏原吉《云居庵》诗:

谁辟云居境,峨峨瞰古城。两湖晴送碧,三竺晓分青。
经锁千函妙,钟鸣万户惊。此中真可乐,何必访蓬瀛。

徐渭《云居庵松下眺城南》诗:

夕照不曾残,城头月正团。霞光翻鸟堕,江色上松寒。
市客屠俱集,高空醉屡看。何妨高渐离,抱却筑来弹。

(城下有瞽目者善弹词)

施公庙

施公庙在石乌龟巷,其神为施全(南宋刺秦桧而闻名于世的义士),宋殿前小校(官名,殿前司后军小校)也。绍兴二十年二月朔,秦桧入朝,乘肩舆(轿子)过望仙桥,全挟长刃遮道刺之,透革不中,桧斩之于市,观者如堵墙,中有一人大言曰:"此不了汉,不斩何为!"(此句意思双关,表面指施全刺杀秦桧不成,其实暗指秦桧为"不了事汉")此语甚快。秦桧奸恶,天下万世,人皆欲杀之,施全刺之,亦天下万世中一人也。其心其事,原不为岳鄂王起见,今传奇(指明代传奇《东窗计》,讲岳飞故事)以全为鄂王部将(《东窗计》中说施全是岳飞部将、结义兄弟),而岳坟以全人(将施全

列入)之翊忠祠,则施全此举,反不公不大矣。后人祀公于此,而不配享(合祭、祔祀)岳坟,深得施公之心矣。

张岱《施公庙》诗:

施殿司,不了汉,刺虎不伤蛇不断。

受其反噬齿利剑,杀人媚人报可汗。

厉鬼街头白昼现,老奸至此揞其面。

邀呼簇拥遮车幔,弃尸漂泊钱塘岸。

怒卷胥涛走雷电,雪巘移来天地变。

三茅观

三茅观在吴山西南。三茅者,兄弟三人,长曰盈,次曰固,季曰衷,秦初咸阳人也。得道成仙,自汉以来,即崇祀(崇拜奉祀)之。第(只是)观中三像,一立、一坐、一卧,不知何说(不知有什么讲究说法)。以意度之,或以行立坐卧,皆是修炼功夫,教人不可蹉过(错失,错过)耳。宋绍兴二十年,因东京旧名,赐额曰"宁寿观"。元至元间毁,明洪武初重建。成化十年建昊天阁。嘉靖三十五年,总制胡宗宪以平岛夷(倭寇)功,奏建真武殿。万历二十一年,司礼孙隆重修,并建钟翠亭、三义阁。相传观中有褚遂良小楷《阴符经》墨迹(褚遂良,唐代著名书法家,《阴符经》为道家典籍)。景定庚申,宋理宗以贾似道有江汉功(贾似道督师江汉,向蒙古人乞和并答应岁奉纳币),赐金帛巨万,不受,诏就本观取《阴符经》,以酬其功。此事殊韵,第不应于贾似道当之耳。余尝谓曹操、贾似道千古奸雄,乃诗文中之有曹孟德,书画中之有贾秋壑,觉其罪业滔天,减却一半。方晓诗文书画,乃能忏悔恶人如此。凡人一窍尚通,可不加意诗文,留心书画哉?

徐渭《三茅观观潮》诗:

黄幡绣字金铃重,仙人夜语骑青凤。

宝树攒攒摇绿波,海门数点潮头动。

海神罢舞回腰窄，天地有身存不得。

谁将练带括秋空？谁将古概量春雪？

黑鳌载地几万年，昼夜一身神血干。

升沉不守瞬息事，人间白浪今如此。

白日高高惨不光，冷虹随身紫城隍。

城中那得知城外，却疑寒色来何方。

鹿苑草长文殊死，狮子随人吼祇树。

吴山石头坐秋风，带着高冠拂云雾。

又《三茅观眺雪》诗：

高会集黄冠，琳宫夜坐阑。梅芳成蕊易，雪谢作花难。

檐月沉怀暖，江峰入坐寒。暮鸦惊炬火，飞去破烟岚。

紫阳庵

紫阳庵在瑞石山。其山秀石玲珑，岩窦窈窕。宋嘉定间，邑人胡杰居此。元至元间，道士徐洞阳得之，改为紫阳庵。其徒丁野鹤修炼于此。一日，召其妻王守素入山，付偈（唱颂词，通常四句为一偈）云："懒散六十年，妙用无人识。顺逆俱两忘，虚空镇长寂。"遂抱膝而逝。守素乃奉尸而漆之，端坐如生（活的）。妻亦束发为女冠，不下山者二十年。今野鹤真身在殿亭之右。亭中名贤留题甚众。其庵久废，明正统甲子，道士范应虚重建，聂大年（明代文学家）为记。万历三十一年，布政史继辰（曾任浙江布政使）、范涞（曾任浙江布政使）构空翠亭，撰《紫阳仙迹记》，绘其图景，并名公诗，并勒石亭中。

李流芳《题紫阳庵画》：

南山自南高峰逦迤而至城中之吴山，石皆奇秀一色，如龙井、烟霞、南屏、万松、慈云、胜果、紫阳，一岩一壁，皆可累日盘桓。而紫阳精巧，俯仰位置，一一如人意中，尤奇也。余己亥岁与淑士（淑雅之人）同游，后数至湖上，以畏入城市，多放浪两山间，独与紫阳隔阔（阻隔阔别）。辛亥偕方回访友云居，乃复一至，盖不见十馀年，所往来于胸中者，竟失之矣。山水绝胜处，每恍惚不自持，强欲捉之，纵之旋去。此味不可与不知痛痒者道也。余画紫阳时，又失紫阳矣。岂独紫阳哉，凡山水皆不可画，然不可不画也，存其恍惚而已矣。书之以发孟旸一笑。

袁宏道《紫阳宫小记》：

余最怕入城。吴山在城内，以是不得遍观，仅匆匆一过紫阳宫耳。紫阳宫石，玲珑窈窕，变态横出，湖石不足方比，梅花道人一幅活水墨也。奈何辱之郡郭之内（让如此美景圈在城市里受辱），使山林懒僻之人亲近不得，可叹哉。

王稚登《紫阳庵丁真人祠》诗：

丹壑断人行，琪花洞里生。乱崖兼地破，群象逐峰成。

一石一云气，无松无水声。丁生化鹤处，蜕骨不胜情。

董其昌《题紫阳庵》诗：

初邻尘市点灵峰，径转幽深绀殿重。

古洞经春犹闷雪，危厓百尺有欹松。

清猿静叫空坛月，归鹤愁闻故国钟。

石髓年来成汗漫，登临须愧羽人踪。